THE URBAN WOODSMAN

어반 우즈맨 : 손끝으로 숲을 만나는 우드카빙 가이드

맥스 베인브리지 지음 | 이정희 옮김

THE URBAN WOODSMAN

어반 우즈맨 : 손끝으로 숲을 만나는 우드카빙 가이드

맥스 베인브리자 지음 | 이정희 옮김

목원

맥스 베인브리지 지음
런던에서 태어나 첼시 예술 대학(Chelsea College of Arts)에서 순수 미술을 공부하고
사진가, 조각가, 공예가로 활동하고 있다.
2015년에 〈Forest + Found〉라는 스튜디오를 만들어 조각, 회화, 우드카빙을 비롯한
여러 공예를 통해 다양한 실험을 이어가고 있다.

이정희 옮김
대학에서 신문방송학을 공부하고, 출판사에서 오랫동안 편집자로 일했다.
지금은 프리랜스 편집자이자 번역가로 일하고 있다.
옮긴 책으로는 《오늘부터 문자 파업》《할아버지의 나무공방》《맥거크 탐정단 시리즈》들이 있다.

THE URBAN
WOODSMAN

어반 우즈맨 : 손끝으로 숲을 만나는 우드카빙 가이드

초판 1쇄 펴낸날 2019년 12월 9일
지은이 맥스 베인브리지 **옮긴이** 이정희 **감수** 박정화, 윤소라
펴낸이 김은영 **편집** 이정희 **디자인** 정상철 **영업** 이종일 **제작** 세걸음
펴낸곳 목요일 등록 제406-2015-000097호
주소 경기도 파주시 회동길 363-15 **전화** 031)955-9660
ISBN 979-11-963430-2-6 13630

First published in Great Britain in 2016 by Kyle Books, An imprint of Kyle Cathie Ltd
Carmelite House, 50 Victoria Embankment London EC4Y 0DZ

Text © 2016 Max Bainbridge
Design © 2016 Kyle Books
Photography © 2016 Dean Hearne

차례

머리말

나무는 기억도 안 날 만큼 오래전부터 나를 매혹시켰다. 나무의 냄새와 질감, 결과 색깔 등 모든 것이 내 흥미를 끌었고, 나무를 가지고 일을 하게 될 것이라는 생각을 늘 하곤 했다. 나무는 무한한 가능성을 품은 아름다운 재료다. 어린 시절 뒷마당에서, 활과 화살을 만들어 쏜 적이 있다. 나뭇가지 양쪽에 홈을 파서 줄이 걸릴 수 있게 하고, 손잡이 부분은 껍질을 벗겨 하얀 속살이 드러나게 했다. 아마도 이때의 경험이 오래도록 내게 영향을 미친 것 같다. 나뭇가지 하나와 아주 간단한 작업만으로 쓸모 있는 물건을 만들 수 있다는 깨달음. 단순한 조작으로 나무가 품고 있던 숨은 가치를 눈에 보이는 무언가로 드러내는 힘. 이 무한한 가능성은 처음 나무를 잘랐을 때와 마찬가지로 지금까지 내게 흥분과 경이를 가져다준다. 나는 줄곧 무언가를 '만드는 사람'이었지만, 공예로서 나무 작업을 시작한 건 3년밖에 되지 않았다. 나는 손기술을 갈고 닦기로 마음먹었다. 그리고 그 기술을 아름다우면서

나무가 가진 무한한 가능성은 지금까지
내게 흥분과 경이를 가져다준다.

도 기능적인, 사용할 때 즐거움을 주는 물건을 만드는 데 적용하는 것이 내 작업의 원동력이 되었다. 목수, 공예가, 조각가, 아티스트, 내가 하는 일을 뭐라고 부르든 그것은 단지 직업이 아니라 삶의 방식이라고 생각한다. 나는 인터뷰나 강연 같은 걸 할 때마다 이 말을 하게 된다. '일이 곧 나의 삶이다.' 어느덧 일은 내 전부가 되었다. 나는 일터를 떠난 적이 없다. 쉬는 날도 없다. 무언가를 만드는 일을 하는 사람들은 대개 그럴 것이다. 나는 일을 목적을 위한 수단으로 생각한 적이 없다. 일은 그 자체로 목적이 된다. 이 일에는 끝나는 지점이란 게 없다. 끊임없이 진화하고 변화하는 과정 속에서 나도 계속 배울 수 있다는 것. 그것이 내 가슴을 뛰게 한다. 나는 처음 다뤄 보는 나무로 새로운 모양의 숟가락을 디자인하듯 이 책을 쓰기 시작했다. 힘든 도전이었지만 동시에 무척 신나는 일이기도 했다. 작업

과정 하나하나를 관찰하고 단계별로 나눈 다음, 다시 종이 위에 펼쳐 놓는 일. 이 책을 쓰기 위해 나는 내가 어떤 방식으로 도구를 쓰고 있는지, 내가 나무의 특성을 얼마나 이해하고 있는지 다시 들여다보게 되었다. 내 작업 방식을 면밀히 검토하게 되었고, 그동안 몰랐던 내 작품에 대해서도 훨씬 많은 것을 배우게 되었다.

이 책을 통해 독자들이 카빙에 흥미를 가지고, 무언가를 만드는 마법과도 같은 일에 빠져들기를 바란다. 내가 전해 주는 기술로 다른 사람들 또한 내가 느낀 즐거움이나 만족감을 느낀다면 더할 나위가 없을 것이다. 중요한 건 카빙이 누구나 할 수 있는 일이라는 걸 깨닫는 것이다. 그저 마음먹고 시작하기만 하면 된다. 나는 몇 권의 책과 유튜브 동영상, 그리고 커다란 반창고 한 통으로 시작했다. 그리고 3년 뒤, 나는 파트너인 아비가일과 함께 〈Forest + Found〉를 운영하며 전통적인 기술에 현대적인 디자인을 입혀 기능적인 물건을 만드는 일을 하고 있다. 이 책에는 생활용품을 만드는 데 필요한 나무 깎기와 다듬

중요한 건 카빙이 누구나 할 수 있는
일이라는 걸 깨닫는 것이다.

기, 사포질과 왁스 바르기 등 여러 기술과 과정들이 담겨 있다. 실용적 기능이 없다면 그 물건은 작업실을 떠날 수 없다. '모든 물건은 쓰이기 위해 만들어지고, 만들어진 모든 물건은 쓰임이 있다.'

도시에서 산다는 것 자체가 작업에 많은 영향을 미친다. 그것이 내가 어디에서 일하고, 어떤 재료를 사용하고, 어떤 작업 과정을 거칠지를 결정한다. 런던 동부 월섬스토에 사는 나는 도시가 주는 다양한 자극과 영감을 받으면서도, 여러 종류의 목재를 구할 수 있는 환경에 둘러싸여 있다고 할 수 있다. 도시에서 생활하고 일을 한다면 가까운 곳에 있는 녹지를 찾아내는 것이 중요하다. 잠시나마 숨을 돌리며 생각할 시간을 주기 때문이다. 나는 운 좋게도 에핑 숲과 멀지 않은 곳에 산다. 에핑 숲은 런던 북동부와 에식스 사이에 있는 2,400헥타르에 달하는 오래된 산림지대다. 나는 에핑 숲을 자주 가는데, 질 좋은 토종 목재를 구하기 위해서기도 하지만, 런던의 분주함에서 벗어나고 싶기 때문이기도 하다.

도시에 사는 목수는 지속적이고 정기적인 목재의 공급원을 찾아 나설 수밖에 없다. 단지 숲이나 녹지를 찾는 것만으로는 부족하다. 나는 산림 관리인이나 가구를 제작하는 소목장들과도 오랫동안 관계를 맺어 왔다. 다른 공예가들과 친해지면 어차피 쓰레기장으로 가게 될 목재를 정기적으로 공급받을 기회를 얻기도 한다. 버려질 운명이었던 다른 작업의 부산물을 가져다가 쓸모 있는 물건을 만드는 것은 그 자체로도 무척 의미 있는 일이다. 마음만 먹는다면 어디서든지 쓸 만한 목재를 구할 수 있다. 예의를 갖추고, 열린 마음으로 소통할 자세가 되어 있다면 그들은 대부분 당신을 도와주려고 할 것이다. 큰 도시에 살든, 작은 마을에 살든 이 책에 실린 정보들이 실질적인 도움을 줄 수 있을 거라고 생각한다.

무엇보다 즐겁게 일해야 한다. 목공은 때때로 고된 작업이 될 수 있다. 일을 하다 보면 특히 어렵고 힘든 단계를 거치게 된다. 그럴 때 나는 5분 정도 잠깐 숨을 돌리며 차를 마신다. 한발 물러서서 해결책을 생각해 보는 것이 작업을 계속하면서 좌절하는 것보다 훨씬

도시에 사는 목수는 지속적이고 정기적인 목재의 공급원을 찾아 나설 수밖에 없다.

생산적이다. 자신을 몰아붙이는 것은 바보 같은 실수를 낳게 마련이다. 더 나쁜 경우 부상으로 이어질 수도 있다. 안전보다 중요한 건 없다. 작업을 시작하기 전에 간단한 점검을 하거나, 사고 예방을 위한 준비를 하는 데는 시간이 많이 걸리지 않는다. 나 자신과 내 주변, 그리고 재료와 도구에 대해 항상 생각해야 한다. 새로운 일을 시작하기 전에 충분히 시간을 갖고 무엇을 만들 것인지, 어떤 도구와 재료가 필요한지, 어디서 작업할 것인지 차분하게 노트를 하는 것이 좋다. 그러고 나서 그 일에 도전할 수 있도록 자신을 북돋는다. 스트레스를 받은 상태거나 집중이 안 되는 상황에서 일하는 것은 나 자신뿐만 아니라 주변 사람들까지도 위험하게 하는 것이다. 이 책에 담긴 프로젝트는 단계별로 점차 기술을 익힐 수 있도록 기획되었다. 그러니 자신감을 가지고 각 단계에 도전했으면 좋겠다. 카빙은 마감에 쫓기지 않을 때 즐겁게 할 수 있는 작업이다. 나는 항상 사람들에게 말한다. 공예는 시간이 걸리는 작업이며, 시간을 들였을 때 언제나 좋은 작품이 나온다고.

내 작품의 디자인은 현대적이지만, 그것을 뒷받침하는 것은 오랫동안 이어져 내려온 전통 공예 기술이다. 사람들이 이 책을 발판 삼아 새로운 작업 방식을 배우고, 더 나아가 자신만의 개성 있는 작품을 만들 수 있기를 바란다. 또한 숟가락을 만드는 것, 우드카빙을 하는 것은 실용적인 물건을 만드는 것 이외에도 이로운 점이 많다는 것을 강조하고 싶다. 바쁜 현대적 삶에서 잠시 벗어나, 마음의 여유를 찾는 데도 큰 도움을 준다. 가장자리를 완벽하게 깎기 위해, 손잡이를 매끄럽게 다듬기 위해 집중을 하다보면 나무가 주는 섬세한 즐거움을 맛볼 수 있을 것이다. 당신이 어디에 있든 우드카빙을 통해 자연과 만나고, 그 자연으로 무언가를 만들어냈다는 기쁨을 느낄 수 있을 것이다. 이 책을 덮을 때쯤, 내가 그랬던 것처럼 우드카빙을 계속 해나갈 수 있는 기술과 흥미를 얻게 되길 바란다.

당신이 어디에 있든
우드카빙을 통해 자연과 만나고,
그 자연으로 무언가를 만들어냈다는
기쁨을 느낄 수 있을 것이다.

나무 구하기

우드카빙을 시작할 때 고려해야 할 것 중 하나는 재료 구하기다. 비교적 저렴하게 나무를 제공할 믿을 만한 공급처를 찾는다면, 비용 걱정 없이 여러 실험을 해 볼 수 있을 것이다. 내가 싸게 혹은 공짜로 나무를 얻는 네 가지 방법을 소개한다.

지역 산림위원회

나는 런던시 당국이 관리하는 에핑 숲에서 멀지 않은 곳에 산다. 얼마간의 조사 끝에 산림위원회에서 일하는 분을 만날 수 있었다. 그는 기쁜 마음으로 위원회에서 관리하는 나무들을 보여주었고, 정기적인 산림 관리를 위해 모아 놓은 나뭇더미에서 내가 나무를 가져갈 수 있게 해 주었다.

나는 자작나무로 작업을 많이 한다. 자작나무는 빨리 자라는 수종인데다, 숲의 균형을 위해 숲 관리인이 자주 솎아내기 때문이다. 에핑 숲에서 내가 쓸 수 있는 나무는 자작나무가 대부분이지만, 가끔 다른 종류의 하드우드를 얻을 때도 있다. 태풍에 가지가 부러졌거나, 썩은 부위가 생겨 잘라내야 하는 경우다. 이런 우연한 방식으로 나무를 구하면, 작업을 할 때 놀라운 도전의 기회를 얻게 된다. 원하는 종류와 모양의 나무를 고정적으로 구할 수 없기 때문에 디자인이 유연해진다. 또한 작업의 종류도 훨씬 다양해진다. 당신이 어디에 있든 지역 산림위원회를 찾아간다면 나와 비슷한 경험을 할 수 있을 거라고 생각한다.

산림위원회 사람들과 친해지고 난 뒤로는 만날 약속을 하고 찾아가게 되었다. 그럼 그들은 잘린 나무들이 있는 곳으로 나를 데려다 주고, 나는 한 차 가득 목재를 싣는다. 그리고 고마움의 표시로 기부를 하거나 감사의 인사를 전한다. 각 나라, 각 지역의 산림위원회 또는 산림청 등은 일하는 방식이 다를 것이다. 하지만 당신이 누구인지, 또 나무를 어디에다 쓸 것인지 겸손한 자세로 충분히 설명을 한다면 대부분 당신을 도와줄 거라고 생각한다. 나는 그들과 함께 숲에 가는 것을 좋아한다. 질 좋은 토종 목재를 얻을 수 있을뿐더러, 아름다운 숲에서 아침을 보내고 사람들과도 친해질 수 있는 기회가 되기 때문이다.

나무 의사

나는 주변에서 전기톱 소리가 나면 하던 일을 멈추고 뛰쳐나가곤 한다. 나무 의사가 일하고 있다는 신호일 수 있기 때문이다. 작은 마을이든 큰 도시든 어디서나 나무 의사를 만날 수 있다. 그들이 일을 하고 있다면 물어보도록 하자. 잘라낸 나무 조각을 몇 개 가져가도 되는지. 그렇다고 무턱대고 다가가서는 안 된다. 모두가 안전하다고 판단되는 적절한 순간을 기다려야 한다. 톱 소리가 멈추고 잘린 나무들을 트럭에 옮기기 시작할 때, 그때가 가장 적절한 타이밍이다. 나무 의사는 아주 훌륭한 토종 하드우드의 공급원이 될 수 있다. 때로는 이국적이고 색다른 나무를 얻는 기회를 주기도 한다. 비교적 작은 가지들은 바로 잘게 쪼개는 작업을 하기 때문에, 그 전에 멈출 수만 있다면 꽤 괜찮은 크기의 나무 조각을 얻

을 수 있을 것이다.

동료 작업자들

다른 공예가들과 좋은 관계를 맺는 것도 중요하다. 창의적인 공동체의 일원이 되는 것도 의미 있는 일일뿐더러, 동료들이 버리는 목재가 당신에게는 완벽한 재료가 될 수 있기 때문이다. 나는 몇몇 소목장과 함께 일한다. 그들이 작업할 때는 많은 자투리 나무가 생겨난다. 너무 작아서 그들에게는 쓸모가 없다. 게다가 그것을 처리하기 위해 비용을 써야 하므로, 불필요한 목재를 당신이 가져간다면 그들 입장에서도 도움이 된다. 당신이 어떤 작업을 하고, 어떤 재료를 찾고 있는지 충분히 설명한다면, 그런 대화 속에서 좋은 관계가 생겨날 것이다.

목재상

목재상, 특히 하드우드를 취급하는 목재상에서는 좋은 자투리 나무가 많이 나온다. 우리 집 근처 목재상은 내부에 목재소가 있어서 고객이 원하는 크기로 나무를 자르거나 대패질을 해 준다. 때문에 불가피하게 자투리 나무가 나오고, 그중 몇몇은 내가 원하는 크기와 두께일 때가 많다. 목재소 마당에 자투리 나무가 쌓여 있다면 자세히 훑어보도록 하자. 만약 당신이 맘에 드는 나무를 찾았는데 그들에게는 너무 작아서 쓸모가 없다면, 아주 적절한 가격에 나무를 넘길 것이다. 하지만 모든 목재상이 같은 나무를 취급하는 건 아니므로 조사를 좀 해 보고, 당신이 원하는 나무를 파는 목재상을 물색해 보자.

나무 고르기

프로젝트에 딱 맞는 나무를 고르는 것이 만들기의 시작이다. 하드우드와 소프트우드의 차이점을 안다면 알맞은 목재를 고르는 데 도움이 된다. 이 책에는 다양한 하드우드가 사용되었다. 소프트우드는 카빙에 적당하지 않다. 결이 성기고 표면이 부드러워, 쉽게 부서지거나 쪼개질 수 있다. 또한 물이 잘 스며들기 때문에 음식을 담는 그릇이나 조리 기구를 만드는 데 적합하지 않다. 반면 하드우드는 결이 빽빽하고, 강도가 높기 때문에 날마다 쓰는 물건을 만들기에 알맞다.

나는 그린 하드우드나 재생 하드우드, 또는 하드우드 자투리로 작업을 많이 한다. 그린우드는 갓 자른 생목을 말한다. 아직 수분이 많아 건조목에 비해 작업하기가 수월하다. 생목과 건조목은 각각의 장단점이 있다. 생목은 섬유질이 부드럽고 유연한 상태라서 쉽게 깎여 나간다. 그러나 마르는 과정에서 갈라지거나 휠 수 있다. 건조목은 딱딱하게 굳은 상태라서 작업할 때 나이프를 더 자주 갈아야 할지도 모른다. 대신 균열과 비틀림의 과정을 이미 겪었기 때문에 목재의 상태가 안정적이다. 이 책에서는 생목과 건조목을 모두 사용했다. 두 목재의 차이점을 이해하고, 각각의 목재를 어떤 식으로 다루어야 할지 안다면 작업 영역을 확장시키는 데 큰 도움이 된다. 갓 자른 자작나무와 마른 자작나무가 어떻게 다

> 하드우드는 결이 빽빽하고,
> 강도가 높기 때문에
> 날마다 쓰는 물건을
> 만들기에 알맞다.

이나 산림위원회에서 나무를 구할 경우 그들에게 물어보는 것이 가장 빠르다. 그렇지 않은 경우라면 www.wood-database.com이라는 웹사이트를 추천한다. 이곳에 들어가면 나무의 종류와 독성 여부를 확인할 수 있다.

나무를 어떻게 보관할지도 고려해야 한다. 잘 건조된 하드우드와 자투리 나무는 별다른 관리가 필요 없다. 그냥 건조하고 열기가 없는 곳에 두면 된다. 하지만 생목은 주의가 필요하다. 갓 자른 나무

나무를 어떻게 보관할지도
고려해야 한다. 잘 건조된 하드우드는
별다른 관리가 필요없지만
생목은 주의가 필요하다.

른지 이해한다면, 선택할 수 있는 목재의 폭이 두 배로 넓어지고, 구상 중인 프로젝트에 맞는 나무를 고를 수 있는 안목이 생길 것이다.

산림위원회나 나무 의사에게서 목재를 구한다면 그 목재는 주로 갓 자른 나무일 테고, 목재상에게서 자투리 나무를 구한다면 그 목재는 자연 건조 혹은 인공 건조된 나무일 확률이 높다. 또한 생목을 직접 건조시키는 방법도 있다. 통풍이 잘 되는 건조한 창고 같은 곳에 오랜 시간 두면 된다. 나무의 종류에 따라 다르지만 목재를 완전히 건조시키는데 2년이 걸리기도 한다.

내가 구한 나무가 어떤 나무인지 정확히 아는 것도 중요하다. 수종이 확실치 않은 경우에는 먼저 조사를 하는 것이 좋다. 온라인 정보를 바탕으로 나무 껍질과 나뭇잎을 비교하는 방법이 있다. 그리고 나무에 독성이 있는지 없는지 확인해야 한다. 목재상

로 바로 작업을 한다면 상관없지만, 나무를 보관했다가 나중에 작업하고 싶다면 몇 가지 처리를 해야 한다. 사람들이 생목을 보관하는 방법에는 여러 가지가 있다. 주목적은 수분 증발과 쪼개짐을 방지하는 것이다. 쉬운 방법은 시중에 나와 있는 왁스 방수제를 사서 쓰는 것이다. 효율적이지만 꽤나 비싸다. 어떤 사람들은 냉장고에 보관하기도 하고, 물이

재료의 성질을 받아들이고,
그것을 어떻게 디자인에 반영할지
고민한다면 훨씬 더 좋은 작품이
나올 수 있다고 생각한다.

담긴 통에 넣은 다음 촛농을 떨어뜨리기도 한다. 자신에게 맞는 방법이 무엇인지 실험해 보는 것이 좋다. 어떤 방식이든 간단한 걸 추천한다. 나는 비교적 가는 나뭇가지의 경우 양쪽 단면을 PVA 풀로 막는 방법을 자주 쓴다. 커다란 통나무라면 반으로 쪼개어 비닐봉지나 랩으로 감싼 다음 어두운 곳에 둔다. 통나무는 반으로 쪼개는 게 중요하다. 그렇지 않으면 수분이 증발하면서 인장력을 높이고 그 결과 균열이 생기기 쉽다. 그걸 그대로 방치하면 목재 전체에 갈라짐이 발생해 나중에는 작업할 만한 조각이 남지 않을 수도 있다. 물론 이런 방법들이 완벽한 건 아니다. 나무는 자연 소재기 때문에 예측이 어렵다. 그걸 그대로 인정하고, 균열이 생겼다면 생긴 채로 작업하는 것도 방법이다. 내 작품 중에는 갈라진 나무로 작업한 것들도 많다. 재료의 성질을 받아들이고, 그것을 어떻게 디자인에 반영해야 할지 고민한

다면 훨씬 더 좋은 작품이 나올 수 있다고 생각한다.

나는 되도록 쉽게 구할 수 있는 다양한 하드우드를 쓰려고 노력했다. 각 프로젝트에는 내가 왜 그 나무를 선택했는지 설명을 해 놓았다. 내 제안을 따를 수도 있지만 그러지 않아도 상관없다. 이 책에 소개된 모든 프로젝트를 한 가지 나무로 작업할 수도 있다. 또 그릇을 만들 때는 참나무 생목 대신 자작나무나 유럽밤나무를 써도 된다. 주변에서 쉽게 구할 수 있는 나무로 작업하는 게 가장 좋다. 나는 실용성을 바탕으로 나무를 선택하지만, 적당한 나무가 여럿 있을 때는 보기에 더 아름다운 나무를 고른다.

나무의 종류

1. 참나무(생목)

참나무는 생목일 때 손연장으로
작업하기 쉽다. 그릇을 만들기에
알맞은 목재다.

2. 자작나무

자작나무로는 다양한 물건을 만들
수 있다. 일정한 나뭇결과 질감을
가진 목재로 카빙에 적당하다.
단단하면서도 가볍다.

3. 참나무(재생목)

참나무는 매우 단단하고
튼튼하다. 날마다 쓰는 물건을
만들기에 완벽한 목재다. 건조된
참나무는 작업하기 힘들지만,
만들고 나면 오랫동안 쓸 수 있다.

4. 유럽밤나무

유럽밤나무는 유연하면서도
튼튼하다. 또한 결과 질감이
아름답다. 날마다 쓰는 물건을
만들기에 이상적인 목재다.

5

5. 단풍나무(재생목)

촘촘하고 균일한 결을 가진
단풍나무는 음식을 담거나 썰기
위한 용품을 만들기에 완벽한
목재다. 쉽게 낡지 않기 때문에
오래 두고 사용할 수 있다.

6. 벚나무(재생목)

건조된 벚나무는 이례적으로
단단하다. 촘촘한 결 때문에
물기 있는 것을 다루는 용품을
만들기에 알맞다.

6

7

7. 벚나무(생목)

생목인 벚나무는 작업하기
수월하다. 마르면서 단단해지고
강도가 유지되기 때문에 숟가락
자루처럼 가늘고 길게 조각해야
할 때 유리하다.

8. 검은호두나무(재생목)

검은호두나무는 풍부한 쓰임새를
가진 하드우드다. 높은 강도와
내구성으로 주방용품을 만들기에
적당한 목재다.

8

도구

작업을 시작하려면 알맞은 도구를 갖추어야 한다. 이 책에 쓰인 도구는 비교적 싸고 구하기 쉬운 도구들이다. 우드카빙은 큰 작업장이나 비싼 장비가 없어도 할 수 있다. 내가 주로 쓰는 도구는 후크 나이프와 스트레이트 나이프다. 다른 훌륭한 도구도 많지만 이 두 가지는 내가 이미 써 본, 검증된 도구다. 성능도 좋을뿐더러 비싸지 않고, 어디서든 구할 수 있다. 나이프를 살 수 있는 곳이 궁금하다면 138쪽을 참고하길 바란다.

후크 나이프의 휜 날은 오목한 모양을 깎을 수 있게 만들어졌다. 그릇이나 숟가락을 만들기에 적당하다. 스트레이트 나이프는 큰 덩어리를 잘라내는 일부터 세세한 마무리 작업까지 두루 활용할 수 있다. 이 두 가지 나이프는 여느 목공예가의 도구상자에서 흔히 볼 수 있는 필수 아이템이다.

도구는 그 자체로 작품이 되기도 한다. 스칸디나비아에는 카빙 도구를 장식하는 문화가 있다. 화려하게 조각된 손잡이, 무늬가 있는 가죽 덮개, 사슴뿔로 공들여 만든 칼집 등, 도구를 만들고 관리하는 데 들이는 노력을 보면 작업할 때의 마음가짐도 짐작하게 된다. 나는 도구를 쓸 때마다 이러한 교훈을 마음에 새기려고 노력한다. 훌륭한 솜씨는 도구에 대한 이해로부터 시작된다. 나는 종종 작업실에서 누군가와 얘기를 하는 동안 나도 모르게 나이프를 잡고 조각을 할 때가 있다. 도구를 사용하는 것이 너무나 자연스러운 상태가 된 것이다. 도구의 모양과 무게, 그리고 내 손에 들려 있을 때의 느낌, 그 모든 것이 익숙해지면 마치 도구가 내 손처럼 느껴질 것이다. 이런 편안함은 작업에 대한 자신감으로 이어진다.

숟가락 하나를 만들기 위해 여러 도구를 사용할 수도 있고, 때로는 나이프 하나로 작업을 끝낼 수도 있다. 어떤 방법이 옳고 그르다고 할 수 없다. 최고의 결과물을 낼 수 있는 자신만의 방법을 찾으면 된다.

이 책에 쓰인 도구는
비교적 싸고 구하기 쉬운 도구들이다.
우드카빙은 큰 작업장이나
비싼 장비가 없어도 할 수 있다.

1

2

3

1. G-클램프

끌을 사용하거나 후크 나이프로 오목한 모양을 만들 때 함께 쓰면 좋다. 목재를 작업대에 단단히 고정시켜 두 손을 자유롭게 쓸'수 있게 해 준다.

2. 전동 드릴

구멍을 빠르고 효과적으로 뚫을 수 있게 도와준다. 비싼 드릴이 필요한 건 아니다. 작동이 되고, 안전하게 사용할 수 있다면 그걸로 충분하다.

3. 직소

원하는 모양으로 나무를 자르거나, 낭비되는 나무를 최소화하는 데 도움을 준다. 작업 속도도 높일 수 있다. 레이저 가이드 기능이나 다른 추가 기능을 위해 비싼 직소를 사지 않아도 된다. 하드우드를 자를 만한 힘과 알맞은 날만 있다면 제 기능을 할 수 있다.

4. 둥근 끌

조각 끌이 당신의 도구상자에 추가된다면 색다른 방법으로 카빙을 할 수 있을 것이다. 둥근 끌은 모양과 크기가 다양하지만, 이 책에 쓰인 것은 세밀한 작업에 적당한 작은 끌이다.

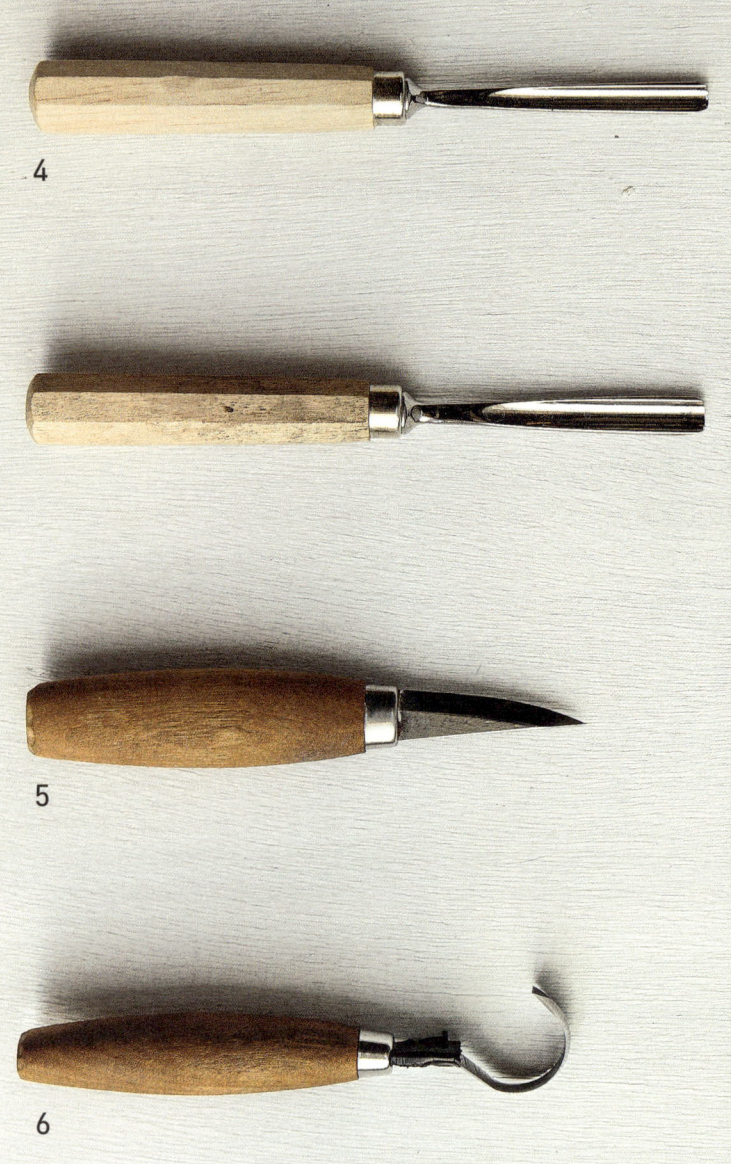

4

5

6

7

8

5. 모라 스트레이트 나이프 120

대표적인 우드카빙 나이프다. 이 책에서
가장 많이 쓰인 도구기도 하다. 백 년이 넘는
기술과 열정이 담긴 이 스웨덴 나이프는
언제나 믿음직한 공예가의 친구였다.

6. 모라 후크 나이프 162

구부러진 양날의 칼이 여러 둥근 모양을
조각할 수 있게 해 준다. 날의 각 부위를
적절히 사용하면 깊게 파인 구멍 등 섬세한
작업도 가능하다. 매우 다재다능한 도구다.

7. 목공용 톱줄

꽤나 독특한 도구지만 어렵지 않게 구할
수 있을 것이다. 나무의 표면이나 모서리를
갈아낼 때 유용하다. 필요 없는 부위를
빠르고 효과적으로 제거할 수 있다. 거친
면과 부드러운 면이 있어 원하는 모양대로
다듬을 수 있다.

8. 도끼

무척이나 다양하게 쓸 수 있는 도구다. 특히
생목을 작업할 때 큰 도움이 된다. 사진에
보이는 것은 손도끼인데, 커다란 목재를
만들고자 하는 물건의 대략적인 크기로
깎아내는 데 적합하다. 작업실을 나설
때 도끼와 카빙 나이프 두 개만 챙긴다면
어디서든 작업이 가능하다.

나이프 그립

내가 이 책에서 가장 강조하고 싶은 것이 바로 나이프 그립이다. 프로젝트를 진행하면서 언제든 이 챕터로 돌아와 글을 다시 읽고, 나이프 그립에 대한 이해를 높이기 바란다. 여기 소개된 나이프 그립은 나무를 안전하고 효과적으로 자르고 깎을 수 있는 방법들이다. 무엇보다 중요한 건 칼날과 손가락의 위치를 항상 정확하게 파악하는 것이다. 그래야 안전하게 작업할 수 있다. 이것만 잘 된다면 반은 이긴 것이다. 시간이 조금 들더라도 안전을 확보하는 것이 무엇보다 중요하다. 프로젝트를 시작하기 전에 자투리 나무로 연습을 하며 기초를 익히도록 하자.

▼ 스트레이트 나이프 : 밀어 깎기

주로 쓰는 익은 손(오른손잡이는 오른손, 왼손잡이는 왼손)으로
칼을 잡는다. 다른 손으로는 작업할 목재를 잡는다.
다른 손 엄지를 칼날과 손잡이가 만나는 부분에 갖다
댄 다음 적당한 힘을 실어 바깥쪽으로 밀어낸다.
이때 익은 손으로는 칼날이 나가는 방향을 조절한다.
서서도 할 수 있고, 앉아서도 할 수 있다. 팔을 몸에
바짝 붙이고 작업해야 편안하다고 느낄 것이다. 내가
티라노사우루스라고 상상해 보면 팔과 손의 위치를
가늠할 수 있을 것이다. 가장 많이 사용하게 될 나이프
그립이니 초반에 연습해서 익숙해지는 게 좋다.

▼ 스트레이트 나이프 : 세부 깎기

프로젝트의 마무리 단계에서 모양을 다듬거나
표면에 질감을 낼 때 사용할 수 있다. 익은 손으로
칼을 잡고, 다른 손으로 목재를 잡는다. 다른 손의
엄지를 칼등에 갖다 댄다. 밀어 깎기와 비슷한
동작으로 칼등을 바깥쪽으로 밀어낸다. 잘라내야 할
나무 조각의 크기에 따라 엄지의 위치를 조절한다.
예를 들어 아주 세세하게 깎고 싶은 경우 엄지를
칼끝에 더 가깝게 대면 정교하게 작업할 수 있다.

▶ 스트레이트 나이프 : 당겨 깎기

긴 나무를 평평하게 깎을 때 유용하다. 목재의
한쪽 끝을 다른 손으로 지지하고, 반대쪽은 가슴에
붙인다. 이때 앞치마나 작업복을 입는 게 좋다.
익은 손으로 칼을 잡고, 칼날을 목재의 먼 부분에
갖다 댄다. 고른 힘을 가해 칼날을 몸 쪽으로
당긴다. 절대 급하고 거칠게 작업해서는 안 된다.
자칫하면 다칠 수도 있기 때문이다. 시야를 확보해
칼날이 어디서 멈춰야 하는지 정확히 파악한다.
보통의 칼 사용법에서는 날을 몸 쪽으로 향하게
하지 않는다. 그러나 신중하게 사용한다면 다른
나이프 그립과 다를 바가 없다. 다른 손을 언제나
칼날 뒤에 놓는 게 중요하다.

◀ 스트레이트 나이프 : 가위 깎기

이름에서 알 수 있듯이 칼날과 나무를 가윗날처럼
교차하면서 깎는 방식이다. 익은 손으로 칼을 잡고,
다른 손으로 목재를 잡는다. 목재의 표면에 칼날을
갖다 대고, 팔꿈치를 갈비뼈에 바짝 붙인 상태에서
칼과 목재를 서로 반대 방향으로 벌리면서 나무를
잘라낸다. 많은 양의 나무를 깎아야 할 때 유용하고,
섬세한 작업에도 쓸 수 있다. 칼날이 움직이는 범위가
제한적이기 때문에 아주 안전한 방법이다.

▼ 후크 나이프 : 떠서 깎기

익은 손으로 칼을 잡고, 칼끝이 위를 향하게 한다.
다른 손으로 목재를 잡고 칼날의 사면을 나무
표면에 겨눈다. 익은 손의 엄지로 나무의 아래쪽을
지지하고, 칼날을 몸 쪽으로 당기면서 손목을
굴린다. 이때 익은 손의 엄지가 절대 나무의 윗면
으로 올라와서는 안 된다. 그렇지 않으면 칼날이
지나는 동선과 겹쳐 위험할 수 있다.

▼ 후크 나이프 : 밀어 깎기

익은 손으로 칼을 잡고, 다른 손으로 목재를
잡는다. 칼날을 나무 표면에 겨누고, 나무를 잡은
손의 엄지로 칼을 밀어 나무를 깎는다. 힘을 실어
작업할 수 있는 방식이기 때문에 상대적으로
많은 양의 나무를 제거해야 할 때 효과적이다.

▶ 후크 나이프 : 반대로 떠서 깎기

날을 아래쪽에 둔 상태에서 익은 손으로 칼을
잡는다. 목재에 칼날을 대고, 손목의 회전을
이용해 날의 사면을 굴리듯이 몸에서 바깥쪽으로
밀어내며 나무를 깎는다. 나무를 잡은 손은
흔들리지 않도록 고정해야 한다. 작업대에 손과
나무를 올려놓고 하면 안정성을 높일 수 있다.

▼ 도끼 : 쪼개기

나무를 반으로 쪼갤 때는 도끼를 들고
휘두르는 대신, 사진에 보이는 것처럼
도끼를 나무 윗면 중앙에 놓고 도끼등을
나무망치로 내리치는 게 좋다. 이런 방식이
훨씬 빠르고 정확도도 높다. 도끼를 잡을
때는 자루의 끝 부분을 잡아 나무망치가
손을 치는 일이 없도록 한다.

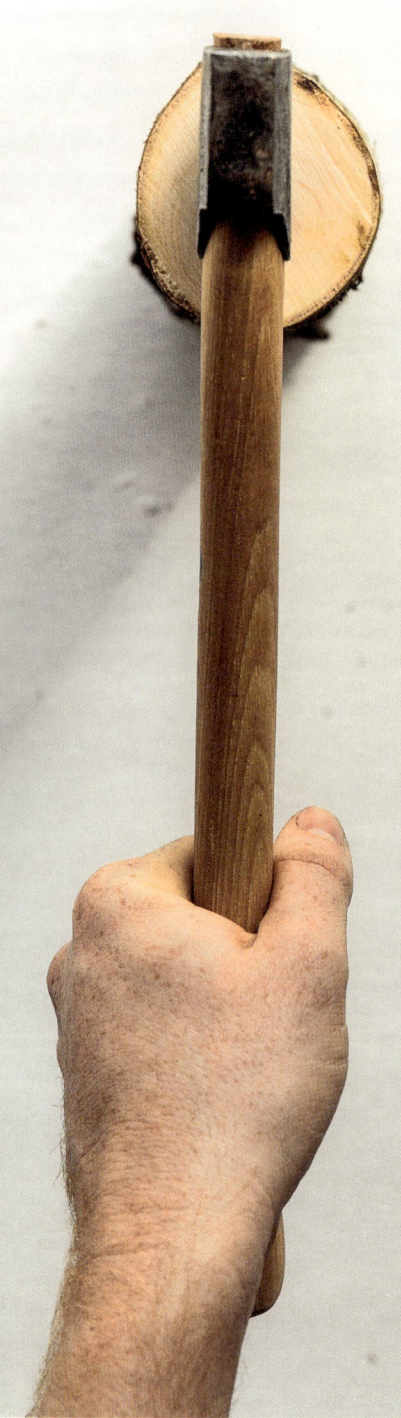

▼ 도끼 : 깎기

만들고자 하는 물건의 대략적인 모양을 잡기 위해 도끼를 쓸 수도 있다. 이때는 목재를 잡은 손이 도끼날이 지나는 동선에서 가능한 멀리 있어야 한다. 엄지는 펴지 말고 안으로 집어넣는 것이 좋다. 도끼는 되도록 짧게 잡아야 크게 휘두르는 것을 막고 정확도를 높일 수 있다. 도끼머리 쪽으로 들여 잡을수록 더 세밀한 작업이 가능하다.

숟가락

자작나무 생목으로 숟가락 만들기

숟가락은 아주 오랫동안 다양한 크기와 모양으로 만들어졌다. 나 또한 숟가락을 많이 만들었고, 만들 때마다 그 모양이 바뀌었다. 숟가락 머리의 크기를 조정하고, 자루의 길이를 변경하는 등 많은 조율 끝에 사용하기 편한 조화로운 비율을 찾게 되었다. 이 책에 소개하는 숟가락은 실제로 내가 가장 많이 쓰는 숟가락의 형태다. 단순하지만 아름답고 우아하다. 이번 프로젝트의 목표는 자신에게 가장 잘 어울리고, 사용할 때마다 즐거움을 주는 숟가락을 만드는 것이다.

도구

나무망치(나무 막대기를 써도 좋다)

연필, 작업본(두꺼운 종이나 판재)

후크 나이프, 스트레이트 나이프

사포, 헝겊, 밀랍 연고

목재

자작나무

이번 프로젝트에는 자작나무 생목을 썼다. 자작나무는 다용도로 쓰이는 목재다. 특히 카빙을 시작하기에 알맞은 나무라고 생각한다. 옹이가 적고, 반으로 쪼갰을 때 작업할 만한 목재가 나오는 부위를 잘 고른다.

1 적당한 크기의 자작나무를 모탕(커다란 통나무) 위에 세로로 올려놓는다. 도끼날을 윗면 중앙에 놓고 나무망치로 내리쳐서 나무를 쪼갠다. 이때 도낏자루가 아니라 등을 잘 겨냥한다.

2 둘로 쪼개진 나무 중에 더 평평한 쪽을 고른다.
두꺼운 종이나 판재에 숟가락 모양을 그린 다음
잘라서 작업본을 만든다. 작업본을 나무 위에
올려놓고 가장자리를 따라 그린다. 도끼로 필요 없는
부위를 잘라낸다. 이때 주의할 점은 절대 도끼가
나무를 잡은 손 위로 올라와서는 안 된다는 것이다.
나무의 아래쪽 반을 먼저 작업한 다음, 나무를
돌리거나 뒤집으면서 나머지 부분을 작업한다.

3 거친 대로 숟가락의 모양이 만들어지면 숟가락
머리를 깎기 시작한다. 후크 나이프로 떠서 깎기를
하는데, 바깥쪽에서 몸 쪽으로 당기면서 오목하게
파낸다. 힘을 세게 줄 필요는 없다. 생목이기 때문에
쉽게 도려낼 수 있을 것이다.

4 숟가락 머리 앞면을 오목하게 파냈다면, 뒷면을
스트레이트 나이프로 밀어 깎는다. 숟가락 머리의
볼록한 중간 지점에서 끝 부분까지 먼저 작업하고,
그 다음에 방향을 바꾸어 중간 지점에서 목 부분까지
작업한다. 그래야 엇결로 깎는 것을 피할 수 있다.

5 스트레이트 나이프로 당겨 깎기와 밀어 깎기를
번갈아 사용하며 자루와 목 부분을 깎는다. 대략적인
형태가 잡히면, 세부 깎기로 내가 디자인한 숟가락의
모양을 만들어나간다.

6 다듬기가 끝나고 숟가락의 모양이 완성되었다고 생각하면 사포질을 시작한다. 사포질할 때는 반드시 나뭇결 방향으로 문질러야 한다. 나뭇결과 어긋나는 방향으로 문지르면 흠집이 나기 쉽고, 한번 흠집이 나면 없애기가 힘들다. 처음에는 120그릿으로 시작했다가 320그릿까지 높인다. 만족할 만큼 매끄러운 질감이 나올 때까지 작업을 계속한다.

7 깨끗한 천으로 밀랍 연고를 듬뿍 바른 다음, 밤새 스며들도록 놔둔다. 다음 날 아침 연고를 닦아내고, 천으로 문질러서 광을 낸다.

주걱

벚나무 자투리로 주걱 만들기

이 주걱의 디자인은 쿠킹 스푼을 만들고 남은 자투리에서 비롯되었다. 스푼 만들 조각을 잘라내고 남은 나무를 난로에 던져 버리려는 순간, 그걸로 뭔가를 만들 수 있을 것 같은 생각이 들었다. 나무를 다시 집어 이리저리 궁리를 한 끝에 지금의 아주 단순하면서도 세련된 모양의 주걱이 만들어졌다. 이 주걱의 장점은 아주 얇은 나무로도 만들 수 있다는 것이다. 정말 하찮은 자투리 나무로도 가능하다. 가지고 있는 모양이 주걱과 비슷하다면 직소를 쓸 필요도 없다. 그냥 스트레이트 나이프로 불필요한 부위를 잘라내면 된다. 이번 프로젝트는 스트레이트 나이프 사용 기술을 익힐 수 있는 기회가 될 것이다.

도구

연필, 작업본(두꺼운 종이나 판재), 직소(곡선 날),
스트레이트 나이프, 사포, 헝겊, 밀랍 연고

목재

벚나무

내가 쓴 벚나무는 동네 목재소에서 구한 것이다. 목재소는 싼 자투리 나무를 얻을 수 있는 최적의 장소다. 벚나무는 단단하기 때문에 긴 손잡이를 가진 물건을 만들기에 좋다. 물건이 쓰임을 다할 때까지 버틸 수 있는 목재를 선택해야 한다.

1 미리 만들어 놓은 작업본으로 나무에 주걱 모양을 그린다. 자루의 길이가 주걱을 사용할 때 영향을 끼치므로 신중하게 결정하는 게 좋다. 긴 자루는 잘라낼 수 있지만, 짧은 자루를 길게 만들 수는 없으니 내가 생각한 길이보다 조금 길게 작업하는 게 좋다. 쓰다가 너무 길다 싶으면 언제든지 깎아내면 된다.

2 직소에 곡선 날을 달고 주걱 모양을 도려낸다. 곡선 날은 공구 가게에서 쉽게 구할 수 있다. 굳이 곡선 날을 쓰라고 강조하는 것은 구부러진 모양을 훨씬 정확하고 안전하게 도려낼 수 있기 때문이다.

3 스트레이트 나이프로 주걱 머리를 먼저 작업한다. 가위 깎기로 원하는 두께가 될 때까지 양면을 모두 깎아낸다.

4 세부 깎기로 모양을 다듬는다. 특히 주걱 날은 요리할 때 큰 기능을 담당하기 때문에 신경 써서 작업한다. 주걱 날을 잘 깎아야 요리할 때 편하게 사용할 수 있다.

5 주걱 자루처럼 길쭉한 모양을 작업할 때는 당겨 깎기가 유용하다. 주걱 머리를 손으로 잡고 자루 끝을 가슴께에 붙인 다음, 칼날을 몸 쪽으로 당기면서 깎는다. 또 반대로 자루 끝을 손으로 잡고 주걱 머리를 가슴에 붙인 다음 작업을 이어간다. 이렇게 해야 엇결로 깎는 것을 피하고, 매끄럽고 고르게 작업을 마무리할 수 있다.

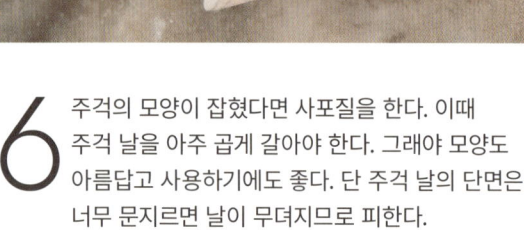

6 주걱의 모양이 잡혔다면 사포질을 한다. 이때
주걱 날을 아주 곱게 갈아야 한다. 그래야 모양도
아름답고 사용하기에도 좋다. 단 주걱 날의 단면은
너무 문지르면 날이 무뎌지므로 피한다.

7 주걱에 묻은 먼지를 닦은 다음, 밀랍 연고를 듬뿍
바르고 다음 날까지 기다렸다가 남아 있는 연고를
깨끗하게 닦아낸다.

3

쿠킹 스푼

호두나무 재생목으로 쿠킹 스푼 만들기

어느 주방이든 쿠킹 스푼 하나씩은 있을 것이다. 나는 세련되면서도 강하고, 무엇보다 사용하기 편리한 쿠킹 스푼을 만들고 싶었다. 그래서 나온 디자인이 이 쿠킹 스푼이다. 이번 프로젝트에서는 주걱을 만들 때 썼던 카빙 기술을 더 발전시키고, 오목한 모양을 다듬는 연습을 더 하게 될 것이다. 가지고 있는 목재가 만들고자 하는 스푼 모양과 비슷하다면 직소를 쓸 필요 없이 바로 스트레이트 나이프로 작업을 시작하면 된다.

도구

연필, 작업본(두꺼운 종이나 판재)
직소(곡선 날), 후크 나이프
스트레이트 나이프, 사포
헝겊, 밀랍 연고

목재

호두나무

이번 작업에는 친한 소목장에게서 얻은 호두나무를 썼다. 그가 버리는 자투리 나무는 스푼을 만들기에 완벽한 크기들이다. 호두나무는 강하고 유연하며, 물에 젖어도 금방 마르기 때문에 쿠킹 스푼에 어울리는 나무다.

1 작업본으로 나무에 스푼의 모양을 그린다. 자루의 위치를 잘 조절하면 목재 하나로 두 개의 스푼을 만들 수 있다. 이때 옹이나 쪼개진 부분이 있으면 피한다. 잘못하면 자루가 부러지거나, 머리 부분에 구멍이 날 수 있기 때문이다. .

2 목재를 작업대에 고정하고, 곡선 날을 단 직소로 잘라낸다. 이때 그려진 선에서 1밀리미터 정도 여유를 두고 바깥으로 자르는 게 좋다. 그래야 안쪽을 오목하게 파낼 때 가장자리를 살릴 수 있다.

3 후크 나이프로 머리 앞면을 오목하게 깎는다. 떠서 깎기로 칼날을 바깥에서 몸 쪽으로 당기는데, 이때 커팅 그립은 고정한 채 나무를 돌리면서 깎으면 고르게 파 내려갈 수 있다.

4 후크 나이프로 밀어 깎기를 해도 된다. 테두리를 훨씬 정교하게 깎을 수 있고, 머리 전체를 고르게 만들 수 있다.

5 스트레이트 나이프로 자루를 깎는다. 주걱을 만들 때 했던 것처럼 당겨 깎기를 한다.

6 스푼 머리 뒷면과 목을 다듬는다. 스트레이트 나이프로 밀어 깎기와 세부 깎기를 섞어 사용하며, 숟가락 머리의 원하는 두께가 나오고 목과의 연결이 자연스러울 때까지 깎는다.

7 스푼 머리 가장자리를 세부 깎기로 고르게 만든다. 또한 머리가 전체적으로 적절한 두께인지 확인한다. 이렇게 다듬고 나면 사포질이 훨씬 쉬워진다. .

8 나뭇결 방향에 맞춰 사포질을 한다. 자루보다는 머리 부분을 훨씬 더 많이 작업해야 할 것이다. 오목한 부분은 손가락에 사포를 말아서 작업하면 수월하다.

9 호두나무 가루는 입자가 상당히 곱다. 헝겊으로 충분히 닦아낸 다음 밀랍 연고를 바른다. 밤새 스며들게 놔두었다가 다음 날 깨끗한 천으로 닦아낸다.

버터나이프

벚나무로 버터나이프 만들기

버터나이프는 나이프 사용 기술을 연마할 수 있는 좋은 아이템이다. 여기서는 스트레이트 나이프만을 사용하여, 하나의 도구로도 다양한 작업이 가능하다는 것을 보여줄 것이다. 버터나이프는 생각보다 모양이 단순하지 않고, 크기가 작아서 만들기가 은근 까다롭다. 이번 프로젝트에서는 세부 깎기를 연습하면서 내 손에 가장 편한 나이프 그립을 찾아보길 바란다. 원하는 모양의 버터나이프를 그렸는데 자투리가 많지 않다면, 직소를 쓸 필요 없이 바로 작업을 시작하면 된다.

도구

연필, 작업본(두꺼운 종이나 판재)
직소(곡선 날), 스트레이트 나이프
사포, 헝겊, 밀랍 연고

목재

벗나무

벗나무는 버터나이프에 완벽한 목재다. 결이 촘촘하고, 말랐을 때 강도가 세지기 때문에 날마다 쓰는 생활용품을 만들기에 좋다. 내가 벗나무를 고른 또 다른 이유는 심재의 색깔과 무늬가 아름답기 때문이다. 부위를 잘 고른다면 나무의 장점을 살린 훌륭한 디자인이 나올 수 있다.

1 작업본을 만든 다음, 목재의 어느 부위에다 놓을지 고민한다. 벗나무 심재는 부위에 따라 색과 무늬의 변화가 두드러지므로, 적당한 부위를 잘 고르는 것이 핵심이다.

2 나무를 작업대에 고정하고 직소로 도려낸다. 둥근 부분을 자를 때는 곡선 날을 사용하여 정확도를 높인다.

3 버터나이프의 날 부분부터 깎기 시작한다. 스트레이트 나이프로 가위 깎기를 하는데, 칼날과 나무를 최대한 평평하게 놓고, 얇게 여러 번 깎는 것이 좋다.

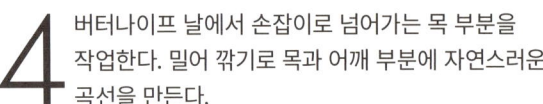

4 버터나이프 날에서 손잡이로 넘어가는 목 부분을
작업한다. 밀어 깎기로 목과 어깨 부분에 자연스러운
곡선을 만든다.

5 세부 깎기로 손잡이를 다듬는다. 목 부분부터
시작해서 손잡이 끝으로 천천히 작업을 이어간다.
손잡이가 손에 잘 들어맞는지 가늠해 보면서
작업하는 것이 좋다.

6 사포질하기 전에 나뭇결의 방향을 생각한다. 날과 손잡이가 만나는 곡면은 사포질하기 까다로울 수 있으므로 조심스럽게 버터나이프를 움직이면서 좋은 각도를 찾아 매끄럽게 다듬는다. 120그릿에서 시작해 320그릿으로 마무리한다.

7 헝겊으로 먼지를 닦고, 밀랍 연고를 듬뿍 바른다. 밤새 스며들게 두었다가 다음 날 깨끗한 천으로 닦아낸다.

5

커피 스쿱

유럽밤나무로 커피 스쿱 만들기

내가 즐겨 만드는 모양의 커피 스쿱이다. 커피 스쿱은 비교적 작은 물건이라 만들기가 까다롭다. 다양한 기술이 필요하고, 힘과 집중력을 발휘해야 할 때도 있다. 그러나 이 커피 스쿱을 만들고 나면 숟가락이나 국자, 그릇 같은 오목한 물건을 만들고 디자인하는 데 많은 도움이 될 것이다. 나는 커피를 뜨고 담기 위해 만들었지만, 다른 음식을 다루는 데 써도 좋다.

도구

연필, 작업본(두꺼운 종이나 판재), 직소(곡선 날)
후크 나이프, 스트레이트 나이프
사포, 헝겊, 밀랍 연고

목재

유럽밤나무

유럽밤나무는 '가난한 자의 참나무'라고 불리기도 한다. 그러나 영국 토종 하드우드 가운데 내가 가장 좋아하는 나무다. 유럽밤나무는 놀라울 정도로 쓰임새가 많고, 밝은 황갈색에서 어두운 초콜릿 브라운까지 목재의 색깔 또한 다양하다. 나뭇결은 곧게 이어지다가 어떤 부분에서는 환상적인 곡선으로 놀라움을 주기도 한다. 이런 부분은 아름답기는 하지만 조각하기 까다롭기 때문에 신경 써서 작업해야 한다.

1 목재의 어느 부위로 작업하는지에 따라 결과물의 느낌이 달라지므로, 나뭇결이 마음에 드는 부위를 신중하게 고른다. 옹이나 갈라짐이 없는지도 꼼꼼하게 확인한다. 커피 스쿱의 머리 부분은 꽤 깊이 파야 하므로 결함이 없어야 한다. 작업본을 올려놓고 스쿱의 모양을 그린다.

2 직소에 곡선 날을 달고 그린대로 잘라낸다. 커피 스쿱은 앞서 작업했던 목재들보다 조금 두꺼운 나무를 썼을 것이므로, 천천히 시간을 두고 깔끔하게 잘라내도록 한다.

3 후크 나이프로 머리 앞면을 파내기 시작한다. 떠서 깎기를 하면 많은 양의 나무를 효과적으로 제거할 수 있다. 그다음 모양을 다듬고 더 깊이 들어가기 위해서는 밀어 깎기를 한다.

4 스트레이트 나이프로 머리 뒷면을 깎는다. 가위 깎기를 하면 한 번에 많은 양의 나무를 도려낼 수 있다. 엇결로 작업하는 것을 피하기 위해서는 나무를 돌려가며 중앙의 볼록한 부분에서 가장자리 방향으로 깎는 것이 좋다.

5 세부 깎기로 목에서부터 손잡이 끝까지 자연스러운 곡선이 이어지도록 깎는다. 손잡이 모양이 맘에 들 정도로 정리가 되었다면, 머리 가장자리를 평평하게 다듬는다. 나이프를 나무 표면에 눕힌 다음 아주 얇게 저미듯 깎는 것이 좋다.

6 모양이 완성되면 사포질을 한다. 120그릿에서
시작하여 320그릿으로 올리면서, 거친 사포 때문에
생긴 흠집이 완전히 없어지고 표면이 매끄러워질
때까지 작업한다.

7 밀랍 연고를 바르고 밤새 스며들도록 놔두었다가,
다음 날 깨끗한 천으로 닦아낸다

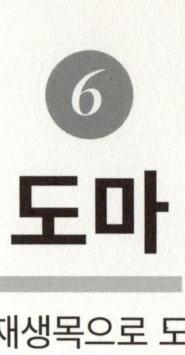

도마

단풍나무 재생목으로 도마 만들기

도마는 주방에 없어서는 안 될 필수용품이다. 이번 프로젝트에서는 아주 단순하면서도 기능적인 도마를 만들면서 목공용 톱줄 사용법을 익혀 보고자 한다. 이 책에 실린 도마는 큰 편이지만 본인이 가진 목재의 크기나 용도에 따라 다르게 적용할 수 있다.

도구

연필, 스트레이트 나이프
클램프, 목공용 톱줄
사포, 헝겊, 밀랍 연고

목재

단풍나무

나는 목재상에서 구한 단풍나무 자투리 판재를 썼다. 단풍나무는 결이 촘촘하여 음식이 잘 스며들지 않는다. 또한 밀도와 강도가 높기 때문에 날마다 칼질을 견뎌야 하는 도마로 쓰기에 알맞다. 다른 대체 목재로는 플라타너스, 너도밤나무, 호두나무 등이 있다.

1 단풍나무 판재의 자투리를 그대로 사용하고 가장자리만 둥글게 다듬을 생각이다. 작업본은 만들 필요 없다. 자를 대고 가장자리에 줄을 그어, 둥글게 깎아내야 할 부분을 표시하기만 하면 된다.

2 도마의 길쭉한 면, 즉 나뭇결 방향을 먼저 작업한다. 스트레이트 나이프로 당겨 깎기를 한다. 도마를 뒤집어가면서 사면이 평평하고 고르게 되도록 작업을 이어나간다.

3 이제 도마의 짧은 면을 작업한다. 나뭇결과 어긋나는 방향이기 때문에 어려울 수 있다. 당겨 깎기와 밀어 깎기를 적절히 쓰면서 평평하고 매끄럽게 만드는 것이 중요하다.

4 네 면을 모두 깎고 나면 모서리 부분을 작업한다. 취향에 따라 각지게 둘 수도 있고, 둥글게 깎아낼 수도 있다.

5 클램프로 도마를 작업대에 고정한 다음, 목공용 톱줄을 이용해 가장자리를 갈아낸다. 톱줄은 밀 때 나무가 갈린다. 톱처럼 밀었다 당기는 식으로 쓰는 것이 아니라, 한 방향으로만 사용한다. 한 면은 거칠고 다른 면은 고운 날로 되어 있으니, 먼저 거친 면으로 작업하고 나서 고운 면으로 마무리한다.

6 톱줄의 고운 면으로 작업한 나무는 거친 사포로 다듬은 것과 비슷하다. 그러니 바로 높은 그릿의 사포를 쓰면 된다. 320그릿으로 마무리하면 부드럽고 매끄러운 표면을 얻을 수 있을 것이다.

7 사포질이 끝나면 먼지를 닦아내고, 밀립 연고를 듬뿍 바른다. 세운 상태로 밤새 연고가 스며들게 두었다가 다음 날 깨끗한 천으로 닦아낸다.

서빙 보드

참나무 재생목으로 서빙 보드 만들기

서빙 보드 만들기는 숟가락을 만들 때 배웠던 기술을 적용하면서, 동시에 새로운 도구의 사용법과 기술을 배울 수 있는 프로젝트다. 내가 정한 모양에 딱 맞는 나무를 찾으려고 하지 말고, 이미 가지고 있는 나무의 모양을 살려서 디자인해 보자. 나무의 자연스러운 곡선과 결, 질감을 살려서 디자인하다 보면 훨씬 더 재미있는 결과물을 얻을 수 있을 것이다.

도구

연필, 작업본(두꺼운 종이나 판재), 직소(곡선 날)
클램프, 스트레이트 나이프
전동 드릴, 사포, 헝겊, 밀랍 연고

목재

참나무

버려진 바닥재나 선반 같은 형태로 참나무 목재를 만날 때가 있다. 이런 경우 두께나 너비가 서빙 보드 만들기에 알맞다. 내가 사용한 참나무는 가구를 만드는 소목장이 쓰고 남은 자투리다. 이런 목재를 구할 수 있다면 다른 전문 장비 없이 직소만으로 작업이 가능하다.

1 만들고 싶은 서빙 보드의 모양을 그린다. 작업본을 만들어도 되고, 나무에 직접 그려도 된다.

2 클램프로 목재를 작업대에 고정하고, 직소를 써서 모양대로 자른다. 특히 목 부분은 경사가 급격하게 달라지므로 신경 써서 작업한다. 깔끔하게 자르기 위해서는 곡선 날이 필요할 것이다.

3 스트레이트 나이프로 당겨 깎기를 하며 손잡이의 길쭉한 부분을 작업한 다음, 밀어 깎기로 둥근 끝 부분을 깎아낸다. 나뭇결의 방향이 달라지는 부분이기 때문에 나무를 돌려가며 엇결로 깎지 않도록 신경 쓴다.

4 전동 드릴로 손잡이에 구멍을 뚫는다. 보드의 크기에
따라 구멍의 지름을 정한 다음, 알맞은 드릴 비트를
선택한다

5 드릴로 뚫은 구멍의 가장자리를 스트레이트
나이프로 정리한다.

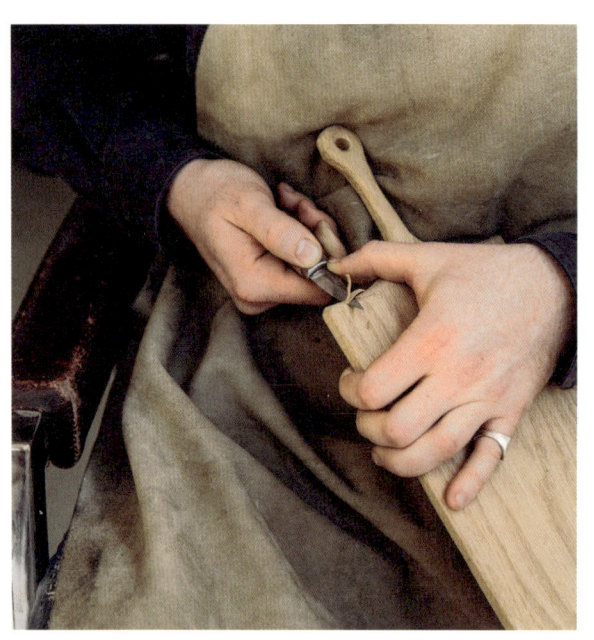

6   손잡이의 모양이 잡히고 나면, 목 부분을 작업한다.
세부 깎기와 밀어 깎기를 적절히 사용하면서
이어지는 곡선을 부드럽게 만든다.

7   보드 옆면 가장자리를 깎는다. 나뭇결을 따라
당겨 깎기를 한다. 칼날을 목재에 최대한 납작하게
눕혀서 얇게 저미듯 깎아낸다.

8 모양이 어느 정도 정리되었다면 사포질로 넘어가도 좋다. 언제나 나뭇결을 따라 사포질해야 한다는 것을 잊지 않는다. 가장자리부터 시작해서 사포의 그릿을 높여 가며 표면이 평평하고 매끄러울 때까지 문지른다. 320그릿에서 마무리한다.

9 헝겊으로 먼지를 최대한 닦아낸다. 깨끗한 천으로 밀랍 연고를 바르고, 밤새 스며들도록 두었다가 다음 날 닦아낸다.

8

작은 그릇

참나무 생목으로 작은 그릇 만들기

나는 그릇이나 항아리, 컵 같은 걸 즐겨 만든다. 목선반으로 작업을 할 때도 많다. 그릇을 손으로 깎아서 만드는 것과 목선반으로 돌려 만드는 것은 결과물이 완전히 다르다. 카빙은 훨씬 많은 시간을 들여야 하지만, 칼날을 움직일 때마다 달라지는 과정을 눈으로 확인할 수 있어 매력적이다. 이번 프로젝트에서는 조각 끌 사용법을 새로이 배우게 될 것이다.

도구

컴퍼스, 연필, 클램프
10mm 둥근 끌, 6mm 둥근 끌
직소, 스트레이트 나이프
후크 나이프, 사포, 헝겊
밀랍 연고

목재

참나무 생목

참나무는 활용도가 높은 목재다. 생목일 때 손연장으로 작업하기 쉽고, 마르고 나면 굉장히 강해진다. 여기서는 생목을 썼지만 건조목으로 대체해도 된다. 내가 생목으로 작업한 이유는 조각 끌 사용이 수월하기 때문이다. 그러니 혹시 주변에 갓 잘라낸 나무가 있다면 작업을 훨씬 쉽게 할 수 있을 것이다.

1 컴퍼스로 동그라미를 그린다. 그릇의 사이즈는 목재의 크기에 따라 달라질 수 있다. 나는 전기톱으로 잘라낸 통나무 조각을 썼는데, 도끼로 반을 쪼갠 나무를 써도 된다.

2 클램프로 목재를 작업대에 고정하고, 10mm 둥근 끌로 가장자리에서 안쪽으로 깎아나간다. 그릇의 한쪽 반을 먼저 깎는데, 나이프 사용법과는 다르게 나뭇결과 직각이 되는 방향으로 작업한다. 조각 끌을 쓸 때는 절대 날이 자기 몸 쪽으로 향하게 해서는 안 된다. 앉는 것보다 서서 작업하는 것이 몸의 무게를 끌에다 실을 수 있기 때문에 유리하다. 한꺼번에 큰 조각을 떼어내려고 하지 말고, 조금씩 여러 번 하는 것이 좋다. 그래야 지치지 않고 오래 작업할 수 있다.

3 원하는 깊이까지 팠다면, 6mm 조각 끌로 가장자리를 더 정교하게 다듬는다. 그릇을 반대로 돌려 앞서 했던 작업을 반복하면서 그릇을 오목하게 만든다.

4 그릇 안쪽 작업이 끝났다면, 직소로 테두리를 도려낸다. 나무의 두께를 잘 가늠하여 충분히 자를 수 있는 날을 준비한다. 천천히 깨끗하게 잘라낼 수 있도록 한다.

5 스트레이트 나이프로 바깥쪽을 깎는다. 나이프를 잡은 손의 엄지를 지지대처럼 나무에 받치고, 주먹을 쥐듯이 당겨서 깎는다. 후크 나이프로 떠서 깎기를 할 때와 비슷하다. 손가락과 칼날이 상당히 가까워질 수 있는 그립이기 때문에 손가락의 위치를 정확하게 인지하는 것이 무엇보다 중요하다.

6 후크 나이프를 이용해 안쪽을 고르게 다듬으면서 끌 자국을 없앤다. 떠서 깎기와 밀어 깎기를 적절히 사용한다. 사고를 예방하기 위해 칼날과 손가락의 위치를 항상 신경 쓴다. 앉은 상태에서 그릇을 몸 쪽으로 바짝 붙이고 작업하면 더 안전하고 쉽게 작업할 수 있다.

7 스트레이트 나이프 칼끝으로 아주 조금씩 저미듯 깎으면서 가장자리를 다듬는다. 또한 그릇이 안정적으로 놓일 수 있도록 세부 깎기로 바닥 부분도 매만진다. 모양 잡는 것이 마무리되면 신문지에 싸서 며칠 동안 마르게 둔다. 열기가 있는 곳은 피한다. 나무에 균열이 생길 수 있기 때문이다.

8 건조 작업이 끝나면 그릇이 훨씬 가벼워졌다고 느낄
것이다. 그럼 사포질을 시작해도 좋다. 120그릿으로
표면을 고르게 만든 다음, 320그릿으로 매끄럽게
마무리한다.

9 헝겊으로 먼지를 닦아낸 다음 밀랍 연고를 바른다.
밤새 스며들게 두었다가, 다음 날 닦아내며 광을
낸다.

질감내기

커피 스쿱 패시팅

앞서 모든 만들기는 사포질로 끝냈지만 나이프로
마무리하는 방법도 있다. 패시팅(faceting)은 나무
표면을 깔끔하게 도려내어 작은 다각도의 면을 여
럿 만드는 것이다. 보석 세공처럼 빛을 받으면 멋
진 분위기를 낼 수 있는 매력적인 마감 방법이다.
패시팅을 하려면 칼날이 아주 예리해야 하므로 시
작하기 전에 날을 가는 것이 좋다. 칼날 가는 방법
은 124쪽을 참고하기 바란다.

도구
연필
스트레이트 나이프
사포
헝겊
밀랍 연고

1 패시팅은 커피 스쿱의 뒷면처럼 둥그스름하면서
어느 정도 넓은 면이 있는 곳에 효과적이다.
패시팅할 스쿱의 머리 뒷면을 제외한 나머지 부분은
모두 작업이 끝난 상태에서 시작한다(76쪽 커피 스쿱
만들기 참고). 먼저 스쿱 머리 뒷면에 가로줄을 긋는다.

2 세부 깎기를 이용해 나무 표면을 작게 도려낸다. 가로줄이 있는 부분 위쪽을 먼저 작업한다. 점진적으로 작업하면서 보기 좋은 면의 크기를 찾는다.

3 가로줄이 있는 부분 아래쪽, 즉 손잡이가 있는 쪽을 깎는다. 이렇게 하지 않으면 엇결로 작업해야 하므로 깔끔한 면을 얻기 힘들다. 깎는 면의 크기가 일정하게 나올 수 있도록 신경 쓴다. 이것이 마무리 작업이라는 것을 염두에 두고, 질감을 주면서 동시에 전체적인 모양도 생각한다.

4 작업이 끝나면 스쿱의 뒷면을 살펴보며 마음에 드는 상태인지 확인한다. 또한 손잡이와 만나는 부분을 어떻게 할 것인지도 결정한다. 패시팅으로 마무리할 수도 있고, 사포로 갈아서 자연스럽게 이어지게 할 수도 있다

5 헝겊으로 먼지를 닦아내고 밀랍 연고를 바른다. 연고를 바르면 패시팅한 표면이 더 반짝이면서 효과가 두드러질 것이다.

쿠킹 스푼 스코칭

스코칭(scorching)은 나무 표면을 불로 적당히 그슬리는 것으로, 나뭇결을 살리면서도 색을 한층 더 깊게 만들고 우아한 광택을 낼 수 있다. 하드우드에 가장 어울리는 마감 방법이지만 다른 목재에도 적용할 수 있다. 이 책에서는 호두나무로 만든 쿠킹 스푼의 자루를 스코칭했다(60쪽 쿠킹 스푼 만들기 참고). 이렇게 스코칭을 부분적으로 적용하면 돋보이게 하고 싶은 부분을 강조할 수 있다. 물론 이건 하나의 예일 뿐이므로 다른 작품들에 다양하게 적용해 보길 바란다. 스코칭할 때는 밑에다 타도 상관없는 깔판을 대야 한다. 낡은 발판이나 합판 같은 것이 있다면 그걸 활용해도 된다. 또한 연기가 나기 때문에 환기가 잘 되는 곳에서 작업하는 것이 좋다.

도구

블로토치

보호용 장갑

보호용 고글

헝겊

사포

밀랍 연고

쿠킹 스푼의 자루를 제외한 다른 부분은 부드러운 사포로 마감되어 있어야 한다. 대신 자루는 120그릿 정도의 거친 사포질이면 충분하다. 스코칭하면 나무 표면이 타면서 숯 층이 생기는데, 그슬기 작업이 끝나면 사포로 탄 부분을 적당히 갈아내면 된다.

스코칭은 나무 표면을
불로 적당히 그슬리는 것으로,
색을 한층 더 깊게 만들고
우아한 광택을 낼 수 있다.

1 익은 손으로 블로토치를 잡고, 스푼에서 5cm 정도 떨어뜨린 상태에서 왔다 갔다 하면서 자루를 고르게 그슬린다.

2 원하는 부위의 스코칭이 끝나면 식을 때까지 그대로 둔다. 다 식었다면 헝겊으로 닦아내고 사포질을 한다. 사포의 그릿을 높여 가며 작업을 이어간다.

3 사포질을 하다 보면, 군데군데 스코칭을 다시 해야 하는 부분이 생기기도 한다. 스코칭과 사포질을 적절히 반복하면서 원하는 상태를 만든다.

4 헝겊으로 부스러기가 나오지 않을 때까지 문질러 닦은 다음, 밀랍 연고를 바른다. 머리와 자루 부분은 각각 다른 천을 쓰는 것이 좋다. 머리 부분에서 그을음이 묻어날 수 있기 때문이다.

참나무 그릇 에보나이징

에보나이징(ebonising)은 직접 눈으로 보기 전에는 믿기 힘들 정도로 흥미로운 마감 방법이다. 기본 원리는 나무에 들어 있는 타닌과 산화철이 만나 일어나는 화학반응이다. 타닌은 나무가 포식자로부터 스스로를 보호하기 위해 만들어낸 물질이고, 산화철은 철이 녹슬어 만들어지는 물질이다. 산화철 용액을 쉽게 만드는 방법은 철로 된 수세미나 못 같은 걸 식초에 담가 놓는 것이다. 이 용액을 타닌 함유량이 많은 나무의 표면에 바르면 나무가 흑단처럼 검게 변한다. 나무에 들어있는 타닌의 양에 따라 푸른색에서 보라색 또는 칠흑 같은 검은색까지 색조가 달라진다. 이 책에서는 참나무 그릇을 에보나이징했다(98쪽 작은 그릇 만들기 참고). 에보나이징에는 참나무나 호두나무가 적당하다. 둘 다 타닌을 많이 함유하고 있기 때문이다.

도구

산화철 용액을 위한 용기

물, 증류 식초

철 수세미나 철 못

페인트 붓

헝겊

에보나이징의 기본 원리는
나무에 들어 있는
타닌과 산화철이 만나 일어나는
화학반응이다.

1 용기에 물과 식초를 2:1의 비율로 채운 다음 철
못이나 철 수세미를 넣어 둔다. 이때 용기의 뚜껑은
열어 두어야 한다. 식초와 철이 반응하면서 가스가
발생하기 때문이다. 며칠 안에 철이 녹슬면서
식초물이 주황색으로 바뀌기 시작할 것이다.

2 일주일 이상 지나면 용액 표면에 녹으로 된 층이
생기고, 용액은 진한 주황색 또는 갈색이 되어 있을
것이다.

3 페인트 붓으로 용액을 나무에 바른 뒤 반응을
기다린다. 목재가 참나무라면 바로 반응이 일어난다.
색이 바뀌는 걸 지켜보면서 더 진하게 하고 싶다면
용액을 덧칠한다.

4 덧칠할 때는 마를 때까지 기다렸다가 다시 바르는
게 좋다. 색이 마음에 드는 상태가 되면 헝겊으로
표면을 닦아낸다. 이때 부분적으로 색이 닦여 나갈
수 있다. 하지만 헝겊에 아무것도 묻어나지 않을
때까지 계속 닦는다. 이후 건조한 곳에 두고 식초
냄새가 날아가도록 말린다.

5 완전히 말랐다면 밀랍 연고를 바른다. 검은색이
묻어나올 수도 있으므로 깨끗한 천을 사용하는
것이 좋다. 밤새 스며들도록 두었다가 다음 날
아침 문질러 닦아낸다.

사포질하기

사포질 혹은 샌딩은 모든 목공예가가 선호하는 마감 방법은 아닐지도 모른다. 취향에 따라 다양한 방식으로 작품을 마무리할 수 있기 때문이다. 그러나 나는 사포질이 주는 질감을 좋아한다. 샌딩으로 마무리된 작품은 세련되면서도 우아하고 단정한 느낌을 준다. 게다가 실용적이다. 특히 주방용품을 사포질로 마감하면 매끄러운 표면으로 인해 음식물이 잘 끼지 않고 설거지가 쉽다.

　나는 사포 4개를 주로 쓴다. 120그릿의 거친 사포로 시작해 180그릿, 240그릿, 320그릿으로 높여 가는 식이다. 320그릿이 가장 고운 사포다. 120그릿으로 작업을 하면 눈에 보일 정도로 거친 흠집이 생기는데, 그릿 수를 높여 가면 돋보기 없이는 잘 보이지 않을 정도로 흠집이 미세해진다.

　사포질할 때 신경 써야 할 점은 언제나 나뭇결을 따라 문질러야 한다는 것이다. 결과 직각이 되는 방향으로 문지르면 나중에 없애기 힘든 흠집이 생길 수 있다. 그러나 결을 따라 사포질을 하면 나무의 섬유질을 손상시키지 않으면서 고운 면을 얻을 수 있다. 때로 목재에서 갈려 나온 고운 가루가 사포에 껴서 작업하기 힘들 때가 있다. 이럴 때는 먼지가 잘 달라붙는 가죽이나 데님 앞치마 같은 곳에 사포를 문지르면 도움이 된다. 샌딩은 시간이 걸리는 작업이지만, 끝내고 나면 시간과 노력을 들일 가치가 있었다고 느낄 것이다.

샌딩으로 마무리된 작품은 세련되면서도 우아하고 단정한 느낌을 준다.

밀랍 연고

목재에 바를 수 있는 마감재는 시장에 다양하게 나와 있다. 하지만 나는 밀랍 연고를 직접 만들어 쓴다. 밀랍 연고는 만들기도 쉽고, 나무 고유의 색과 결을 살려서 마감할 수 있다. 또한 물기로부터 나무를 보호할 수 있고, 인체에 무해하기 때문에 음식을 다루는 용품에도 바를 수 있다. 밀랍으로 마감한 제품은 씻을 수도 있다. 여기 소개하는 방법대로 밀랍 연고를 만든다면 꽤나 오랫동안 사용할 수 있는 양의 밀랍 연고를 얻을 수 있을 것이다.

도구와 재료
순수 미네랄 오일 1리터
밀랍 덩어리 500그램
커다란 냄비
열원
밀폐 용기
헝겊

1 기본적인 비율은 미네랄 오일과 밀랍이 2:1 이다. 500그램의 밀랍과 1리터의 미네랄 오일을 측정해서 준비한다. 밀폐 용기는 끓는 물에 넣어 살균한다.

2 미네랄 오일을 커다란 냄비에다 넣고 약한 불에 올린다. 밀랍을 넣고 녹을 때까지 서서히 열을 가한다. 부드럽게 저어주면서 두 재료가 잘 섞이도록 한다. 골고루 섞이고 나면 불을 끄고 냄비를 옮겨서 식힌다.

3 5분에서 10분 정도 식히고 나서 밀폐 용기에 담는다. 아직 뜨거우니 조심한다.

4 뚜껑을 연 채로 완전히 식을 때까지 둔다. 이때 헝겊으로 덮어 안에 불순물이 떨어지지 않도록 한다. 다 식으면 불투명한 색이 되는데, 그럼 쓸 준비가 된 것이다.

5 밀폐 용기를 단단히 닫아서, 시원하고 어두운 곳에 보관한다.

도구 관리

공예가는 도구 관리에도 신경 써야 한다. 칼날은 항상 예리하게 유지하는 게 좋다. 날카로운 날이 더 위험할 거라고 생각하기 쉬운데, 무딘 날이 훨씬 위험하다. 날이 무뎌지면 원하는 대로 칼을 조작하기 힘들고, 힘도 훨씬 많이 들어간다. 필요 이상으로 힘을 주다가 사고가 날 수도 있다. 조금만 작업해 보면 잘 갈린 도구의 고마움을 깨닫게 된다.

**날이 무뎌지면 원하는 대로
칼을 조작하기 힘들고,
힘도 훨씬 많이 들어간다.**

나무를 깎을 때 나는 소리만 들어도 칼이 제대로 갈렸는지 알 수 있다. 눈을 밟을 때처럼 사각사각 소리가 나면 잘 갈렸다는 뜻이다. 여기서는 스트레이트 나이프와 후크 나이프를 각각 어떻게 관리하는지 보여줄 것이다. 칼 가는 것은 단번에 얻을 수 있는 기술이 아니다. 그러나 조금만 연습하면 어느새 능숙하게 칼을 관리할 수 있을 것이다. 나는 여러 방법으로 칼을 갈아 보았다. 연삭숫돌 같은 걸 써보기도 했지만 역시 단순한 방법이 가장 좋다는 생각이 든다. 여기서는 칼을 갈기 위한 도구를 직접 만드는 방법도 함께 소개한다.

스트레이트 나이프

도구와 재료

용기

물

숫돌

금속 연마제

가죽숫돌

면 헝겊

1 물이 찬 용기에 숫돌을 담근다. 10분에서 15분 정도 숫돌이 물을 빨아들이도록 둔다. 기포가 발생하는 것을 볼 수 있을 것이다.

2 공기 방울이 더 나오지 않을 때 숫돌을 평평한 곳에 올려놓는다. 숫돌은 거친 면과 고운 면이 있는데 거친 면으로 먼저 작업한다. 숫돌은 항상 젖어 있어야 하므로, 말랐다 싶으면 중간에 물을 끼얹는다.

3 칼날을 숫돌 위에 눕히듯 올려놓는다. 날이 몸 쪽을 향하게 한다. 한 손으로 손잡이를 잡고, 다른 손으로 힘을 주어 칼을 바깥쪽으로 밀어내듯 간다. 같은 동작을 여러 번 반복한다.

4 이번에는 날이 바깥쪽을 향하게 돌려놓고, 몸 쪽으로 당기면서 간다. 숫돌이 젖어 있는지 확인하면서 작업한다. 칼날을 조금 날카롭게 만드는 게 목적이라면 10번에서 15번 정도로 충분할 것이다. 그러나 날이 패이거나 흠이 생겼다면 그 부분이 사라질 때까지 같은 동작을 계속한다.

5 숫돌을 뒤집어 부드러운 면이 올라오도록 한다. 다시 위와 같은 과정을 반복한다. 거친 숫돌 자국을 없애고 날을 매끄럽게 다듬는 과정이다. 숫돌은 항상 젖어 있어야 하므로, 말랐다 싶으면 중간에 물을 끼얹는다.

6 마지막으로 가죽숫돌이나 가죽 벨트에 금속 연마제를 조금 바른 다음 칼날을 문지른다. 날을 가죽숫돌 끝에 눕히듯 놓고 자신 쪽으로 당긴다. 이 동작을 양쪽 날에 10번씩 반복한다.

7 날 표면이 반짝이면 광택 작업을 끝내고 헝겊으로 닦는다. 칼끝이 날카로우니 다치지 않게 조심한다.

후크 나이프

도구와 재료

방수 사포 600그릿, 1500그릿 2장씩

부드러운 가죽 2장

각진 막대기 3개 (너비 4.5cm, 두께 1cm, 길이 30cm)

둥근 막대기 3개 (지름 2cm, 길이 22cm)

PVA 풀

마커 펜

금속 연마제

면 헝겊

1 600그릿, 1500그릿 두 방수 사포를 각각 가로 25cm, 세로 12cm의 크기로 자른다. 그리고 가죽도 같은 크기로 자른다. 이제 각각의 사포와 가죽을 각진 나무에 PVA 풀을 바른 다음 감싸서 붙인다. 이음새가 나무 아래쪽 중앙에 오도록 한다. 특히 가죽은 뜨는 곳이 없게 잘 붙인다.

2 이번에는 600그릿, 1500그릿 두 방수 사포, 그리고 가죽을 가로 12cm, 세로 10cm의 크기로 자른다. 각각의 방수 사포와 가죽을 둥근 막대기에 감싸서 붙인다. 이걸로 후크 나이프의 안쪽 날을 갈 수 있다.

3 마커 펜을 이용해 날의 사면을 색칠한다. 이렇게 하면 날의 어느 부분이 사포에 닿았고, 어느 부분이 닿지 않았는지 알 수 있다. 만약 남은 마커 자국이 있다면 그 부분은 제대로 갈리지 않은 것이다.

4 바깥쪽 날을 먼저 간다. 600그릿 각진 사포 막대기를 익은 손에 잡고, 다른 손으로는 후크 나이프를 칼날이 위쪽으로 오게 잡는다. 사포를 칼날과 직각이 되는 방향으로 놓고 아래쪽으로 당기면서 날을 간다. 이때 한쪽 방향으로만 작업한다. 사포를 양방향으로 왔다 갔다 하면 날을 더 무디게 만들 수 있다. 마커 자국이 다 사라지고 나면, 다시 색칠을 하고 1500그릿 사포로 바꿔 작업을 반복한다. 한쪽 날이 끝나면 다른 쪽 날을 같은 방식으로 간다.

5 이제 안쪽 날을 간다. 600그릿 둥근 사포 막대기를 익은 손에 잡고, 다른 손으로는 후크 나이프를 칼날이 아래쪽으로 오게 잡는다. 사포 막대기를 눕히듯 평평하게 놓은 다음에 굴리듯이 밀어내며 한쪽 날을 간다. 1500그릿 사포 막대기로 마무리한 다음, 다른 쪽 날을 똑같은 방식으로 작업한다.

6 각진 가죽 막대기에 금속 연마제를 묻힌 다음, 4번과 같은 방법으로 바깥쪽 날을 간다. 사포질로 생긴 흠집을 없애는 과정이다.

7 둥근 가죽 막대기에 금속 연마제를 묻힌 다음, 5번과 같은 방법으로 안쪽 날을 간다.

8 작업이 끝나면 헝겊으로 닦는다. 날이 날카로우니 조심해야 한다.

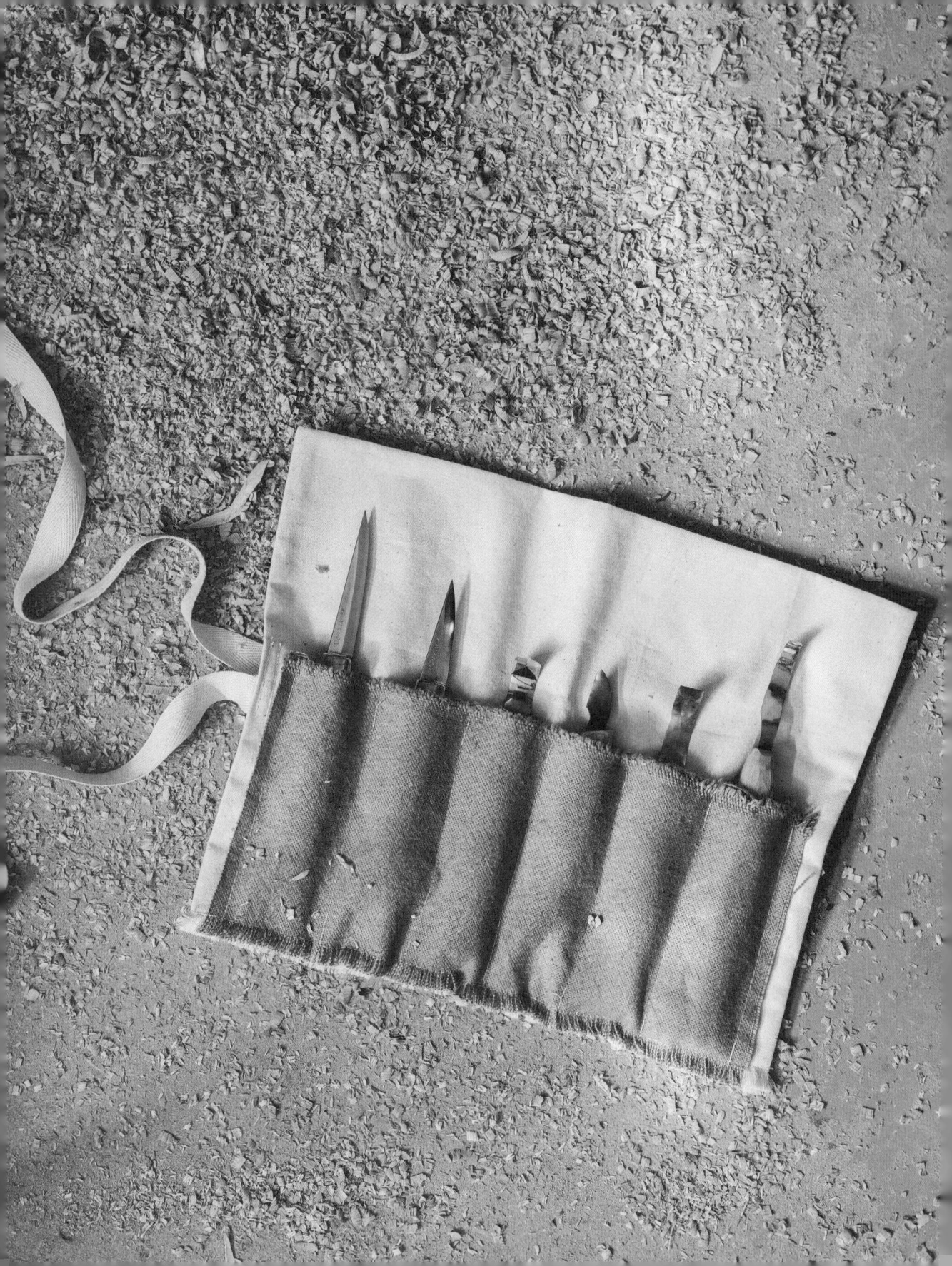

도구 주머니

힘들게 칼을 갈았으니, 그걸 안전하게 보관하는 방법도 생각해 보자. 도구를 잘 보관하면 오랫동안 날을 날카롭게 유지할 수 있기 때문에 칼을 자주 가는 수고를 덜 수 있다. 이 책에서는 아주 쉽게 만들 수 있는 도구 주머니를 소개하려고 한다. 나는 두꺼운 캔버스 천을 사용했지만 다른 천을 써도 상관없다. 다만 빳빳하고 두꺼운 천일수록 칼날을 보호하기 좋다. 재봉틀이 있다면 재봉틀을 사용하고, 없다면 손바느질로 해도 된다. 들이는 시간이 조금 다를 뿐, 결과물에는 큰 차이가 없다.

도구와 재료

두꺼운 천(캔버스, 면, 모직, 데님, 가죽 등)
자
흑연 또는 초크
재단 가위
재봉틀
실
시침핀
면 끈

도구를 잘 보관하면
오랫동안 날을 날카롭게
유지할 수 있기 때문에 칼을
자주 가는 수고를 덜 수 있다.

1 준비한 천을 펼쳐 놓는다. 하얀 캔버스 천 위에 가로 38cm, 세로 56cm의 직사각형을 그린다. 갈색 천 위에는 가로 34cm, 세로 15cm의 직사각형을 그린다. 그린 모양을 재단 가위로 깔끔하게 자른다.

2 캔버스 천을 반으로 접은 다음, 아래쪽은 뚫리게 두고 양 옆면을 재봉틀로 박는다. 일반적인 러닝 스티치면 된다.

3 캔버스 천을 뒤집어서 시접이 안 보이게 한다. 모서리 부분은 연필 같은 걸로 밀어주면 각진 모양을 만들 수 있다.

4 갈색 천을 하얀 캔버스 천 위에 올려놓는다. 아래쪽 면이 서로 맞닿게 하고, 가로 방향으로는 갈색 천이 중앙에 놓였는지 확인한다. 가장자리에서 4cm 정도 떨어진 지점에 시침핀을 꽂아 세 장의 천을 고정한 다음, 재봉틀로 아래쪽을 박는다.

5 갈색 천의 양옆을 박으면, 갈색 천이 캔버스 천에 완전히 부착되는 상태가 된다.

6 갈색 천을 6등분하여 세로줄을 초크로 긋는다. 재봉틀로 줄을 따라 박으면서 칼집을 6개 만든다. 이때 시작과 끝부분은 반대로 박아서 실이 풀리지 않도록 한다.

도구 주머니가 완성되면
칼을 칼집에 넣어 잘 맞는지
확인한다.

7 40cm 면 끈 두 개를 주머니 왼쪽 옆면 밑에다 놓고, 시침핀으로 고정한다

8 두 줄로 나란하게 박아서 단단하게 고정한다. 시침핀에 재봉틀 바늘이 부러지지 않도록 박기 직전에 시침핀을 제거한다.

9 도구 주머니가 완성되었다. 칼을 칼집에 넣어 잘 맞는지 확인한다. 칼을 다 넣고 나면 위쪽 캔버스 천을 접어 날을 보호하고, 주머니를 말아서 끈으로 묶어준다.

구입처

내가 이 책에서 썼던 도구와 재료들은 대부분 지역 공구 가게나 인터넷에서 구입 가능한 것들이다. 그 중에서 내가 자주 이용하는 구입처 몇 곳을 소개한다. 나는 사람들이 비싼 도구나 장비에 투자하지 않고도 카빙을 할 수 있기를 바랐다. 당신이 어디에 있든 카빙에 필요한 도구를 어렵지 않게 구할 수 있을 것이다. 내 도움이나 조언이 필요하다면 언제든 <Forest + Found>로 연락하기 바란다.

WOODLAND CRAFT SUPPLIES
www.woodlandcraftsupplies.co.uk
email: matthew_robinson_uk@yahoo.com
모라 스트레이트 나이프 120
모라 후크 나이프 162, 그랑스포스 야생 손도끼

AXMINSTER TOOLS & MACHINERY
www.axminster.co.uk
email: cs@axminster.co.uk
신토 목공용 톱줄, 조각 끌, 방수 사포

ITS
www.its.co.uk
email: sales@its.co.uk
전동 드릴, 직소, 곡선 날

WOOD FINISHES DIRECT
www.wood-finishes-direct.com
사포

AMAZON
www.amazon.co.uk
미네랄 오일, 밀랍, 오토솔 금속 연마제

FOREST + FOUND
www.forest-and-found.com
email: contact@forest-and-found.com

국내 구입처

공구사랑
www.mok09.co.kr
카빙 나이프, 조각 끌, 전동 공구, 숫돌

쏘비트
www.sobit.co.kr
전동 공구, 카빙 나이프, 조각 끌, 숫돌

덕영상사
www.duck0.co.kr
카빙 나이프, 조각 끌, 숫돌, 클램프

매무새
www.memuse.com
마감 오일, 클램프

나무넷
www.namunet.kr
하드우드 목재

대신특수목재
www.wood21.co.kr
하드우드 목재

우드워커 벼룩시장
cafe.naver.com/woodworkermarket
하드우드 목재

앤캣
smartstore.naver.com/ncat
우드카빙 DIY 반제품

후가
blog.naver.com/skogsdraken
그린우드 목재

용어 해설

가죽숫돌 : 칼 가는 과정에서 마무리 작업에 쓰이는 가죽으로 된 띠.

건조목 : 자연 혹은 인공 건조된 목재. 갓 자른 생목에 비해 작업하기는 힘들지만 뒤틀림과 쪼개짐이 적고 안정적이다.

고글 : 눈을 보호하기 위해 쓰는 안경의 종류. 스코칭할 때 착용한다.

곡선 날 : 둥근 모양을 효과적으로 도려낼 수 있게 해주는 직소 톱날.

그릿 : 사포의 거친 정도를 나타내는 단위로서 '방'이라고도 한다. 단위 면적 안에 있는 입자수를 숫자로 표현하는데, 숫자가 높을수록 고운 사포.

금속 연마제 : 칼 가는 과정에서 마무리 작업에 쓰이는 제품으로 광택제라고도 한다. 금속의 미세한 흠집을 없애고, 광을 내는데 사용한다.

드릴 비트 : 전동 드릴 앞 끝에 끼워 쓰는 드릴촉. 여러 가지 모양이 있으나 가장 일반적인 것은 나선형 드릴 비트다.

모탕 : 나무를 패거나 자를 때 밑에다 받치는 커다란 나무토막.

목공용 톱줄 : 나무를 가는 데 쓰기 위해 고안된 신토사의 독특한 톱줄.

목선반 : 목재를 회전시키면서 원형으로 깎을 수 있게 해 주는 목공용 기계.

미네랄 오일 : 광물질, 특히 석유를 정제한 무색무취의 오일.

밀랍 : 벌집에서 추출되는 물질. 누런 빛깔로 상온에서는 굳어지는 성질이 있다.

밀랍 연고 : 밀랍과 순수 미네랄 오일을 1:2의 비율로 섞은 목공 마감재.

방수 사포 : 물 또는 윤활제와 함께 사용할 수 있는 사포. 건습식 사포라고도 한다.

블로토치 : 고압 연료를 작은 노즐을 통해 분사시켜 일정한 방향으로 불꽃을 내게 만드는 장치.

산화철 : 철과 산소의 화합물로 흔히 녹이라고 한다.

샌딩 : 물체의 표면을 매끄럽게 연마하는 작업. 사포질이라고도 한다.

생목 : 갓 자른 나무의 목재. 그린우드라고도 한다. 섬유질이 부드럽고 유연한 상태라서 쉽게 깎여 나간다.

소목장 : 가구 및 소품을 만드는 목수. 건축물을 짓는 대목과 구별된다.

소프트우드 : 침엽수와 같은 겉씨식물에서 얻는 목재로, 재질이 무른 것이 특징이다.

숫돌 : 칼이나 도끼 따위의 연장을 갈아 날을 세우는 데 쓰는 돌.

스코칭 : 나무 표면을 불로 적당히 그슬려 색을 깊게 만들고 광택을 내는 목재 마감 방법.

스트레이트 나이프 : 대표적인 카빙 나이프로 칼날이 일자 모양이다.

심재 : 나무줄기의 중심부에 있는 단단한 부분. 보통 붉은색, 누런색, 흑갈색으로 착색된다.

엇결 : 나뭇결과 반대되는 방향으로 칼질이나 대패질을 하면 거스러미가 일어난다. 이런 방향을 엇결이라고 하고, 그 반대 방향을 순결이라고 한다.

에보나이징 : 타닌 함유량이 많은 목재에 산화철 용액을 발라 나무 표면을 검게 만드는 목재 마감 방법.

재생목 : 다른 용도로 쓰였던 나무를 재활용하거나 버려지는 자투리 나무를 재생하여 쓰는 목재.

전동 드릴 : 전력을 이용해 앞 끝에 달린 드릴촉을 회전시켜 물체에 구멍을 뚫는 도구.

조각 끌 : 조각을 하는 데에 쓰는 끌. 둥근 끌, 평끌 등 용도에 따라 다양한 모양의 끌이 있다.

직소 : 가는 톱날을 수직으로 진동시켜 목재를 자르는 전동 공구.

커피 스쿱 : 커피콩을 뜨는 데 쓰는 용품

클램프 : 목재를 조여서 고정하는데 쓰는 도구. 조임쇠라고도 한다.

패시팅 : 나무 표면을 깔끔하게 도려내어 작은 다각도의 면을 여럿 만드는 목재 마감 방법.

하드우드 : 활엽수와 같은 속씨식물에서 얻는 목재로, 재질이 단단한 것이 특징이다.

후크 나이프 : 대표적인 카빙 나이프로 칼날이 갈고리 모양이다.

PVA 풀 : 목공용으로 두루 쓰이는 접착제의 종류. 폴리비닐 아세트산(polyvinyl acetate)의 약자다.

찾아보기

맺음말

쓸모 있고, 아름다운 물건을 만드는 우드카빙은 수백 년 간 이어져 왔다. 그리고 이 멋진 전통이 앞으로도 계속되길 바란다. 이 책을 통해 독자들이 자신만의 개성 있는 작업을 이어나갈 자신감과 노하우를 얻게 되었으면 좋겠다. 책을 만드는 과정이 나에게는 여행이었고, 그 길에서 재능 있는 사람들을 많이 만났다. 그들이 없었다면 책을 마칠 수 없었을 것이다.

먼저 카일 북스의 주디스에게 고마움을 전하고 싶다. 그녀가 내게 처음 연락을 했을 때, 내 반응은 '네? 저보고 책을 써 보라고요?'였다. 그때는 무척 당황했지만 지금은 주디스가 연락해 준 것에 감사한다. 진정으로 멋진 경험을 하게 해 주었고, 부족했던 내 작업에 대해서도 자신감을 얻게 해 주었다.

또한 이 책을 시작할 수 있도록 지지해준 카일 북스의 카일에게 고맙다는 말을 하고 싶다. 그녀의 지원이 없었다면 이 책은 세상에 나올 수 없었을 것이다. 편집자인 소피 앨런은 모든 과정에서 커다란 역할을 했다. 그녀는 내가 두서없이 보낸 메일을 이해해 주고, 때로 넘치는 의욕에 과한 아이디어를 쏟아낼 때도 적절히 자제시켜 주었다. 꾸준하게 하루하루 글을 쓸 수 있게 나를 이끌어 준 그녀 덕에 즐겁게 일을 할 수 있었다.

디자이너인 티나 스미스의 노력과 열정도 빼 놓을 수 없다. 첫 미팅 때부터 나는 믿음직한 동료를 얻었다는 생각이 들었다. 그녀는 횡설수설하는 내 전화를 참아주고, 이상한 몇몇 단어들을 깔끔하고 명쾌한 단어들로 바꾸어 주었다.

딘과 제시카 허른은 내가 생각하는 책의 이미지를 실현시켜 준 사람들이다. 그들은 매우 겸손한 자세로 작업에 참여했고, 그들의 사진 하나하나가 책을 아름답게 만드는 데 큰 몫을 했다. 그들은 내가 만난 사람들 가운데 가장 유쾌한 사람들이다. 앞으로도 오랫동안 친구로 지냈으면 좋겠다.

〈Tree Couture〉의 트루, 크리스, 엠마, 아담에게도 감사의 인사를 전하고 싶다. 그들이 기쁜 마음으로 도와주지 않았다면, 이 책에 나오는 아름다운 호두나무와 참나무를 사용할 수 없었을 것이다. 다른 훌륭한 공예가와 함께 작업하는 것은 참으로 멋진 일이다. 앞으로도 계속 작업을 이어갔으면 좋겠다.

가족들 또한 내 옆을 지켜 주었다. 동생 제임스와 아비가일은 자주 작업실 문을 열어 보며 나를 걱정해 주었고, 어머니 또한 현명한 조언의 말을 보태 주었다. 그리고 2013년에 돌아가신 진 그레이 할머니의 마지막 말이 내게 언제나 영감을 준다. '네 스튜디오를 갖게 되었으니, 넌 이제 뭐든 할 수 있단다!' 할머니가 자랑스러워하길 바라는 마음으로 이 책을 썼다.

마지막으로 언급하고 싶은 사람이 있다. 내가 만든 모든 작품들은 나의 아름다운 파트너 아비가일의 사랑과 지지와 인내 없이는 나올 수 없었을 것이다. 마음을 다해 고마움을 전한다.